Ernst Heimeran

Sonntagsgespräche mit Nele

W0279226

Hanser Verlag

Herausgegeben
von Margrit Heimeran

ISBN 3-446-13315-1
Alle Rechte vorbehalten
© 1981 Carl Hanser Verlag München Wien
Umschlag: Susanne Berner
Satz: LibroSatz, Kriftel/Taunus
Druck und Bindung: May & Co. Nachf., Darmstadt
Printed in Germany

Als Nele noch klein war

Viele ihrer Plaudereien fingen so an: »Als Nele noch klein war . . .«

Jetzt ist sie groß und geht in die Schule und redet, wie es im Buche steht. Aber auf Mutters Notizzetteln, auf Wäscherechnungen, Briefumschlägen, Trambahnbilletten und säuberlich auch im großen Familienalbum, da redet sie noch, die kleine Nele, wie es ihr durch den Kopf schoß und in den Mund kam in aller Unschuld und Durchtriebenheit, die süße, nie wiederkehrende Sprache der Frühe.

Und so, ohne jedes Drum und Dran, soll sie bewahrt sein als ein Denkmal für alle, die auch einmal klein waren und es vielleicht noch ein bißchen geblieben sind.

Das Engelsgespräch

Im Wohnzimmer zur Adventszeit

VATER
(eintretend)

Da steckst du? Eigentlich sollst du ja schlafen. Das ganze Haus hält Mittagsschlaf; nur Nele, die Allerjüngste, gibt keine Ruhe.

NELE

Und Dati, der Allerälteste, auch nicht.

VATER

Weil du ihn nicht läßt, du freche Kröte. Will ich mich in meinen Lehnstuhl setzen, will ein bißchen schlafen, wer sitzt bereits darin? Fräulein Nele!

NELE

Gell, genau wie im buckligen Männlein: Will ich in mein' Lehnstuhl gehn, will ein bißchen schlafen, sitzt bereits die Nele drin, fängt gleich an zu ... fängt gleich an zu ... zu was, Dati?

VATER

Zu wafen.

NELE

Was ist denn das Komisches, wafen?

VATER

Schwätzen. So sagt man für schwätzen, wo ich her bin.

NELE

Du bist doch nicht *her*, Dati, du bist doch da! Komm nur da her, wir haben schon miteinander Platz, wir zwei, zum Vorlesen.

VATER

So, zum Vorlesen. Was kommt denn heut dran? Schon wieder Busch?

NELE

Der ist halt so beschaulich, mit den vielen Bildern.

VATER

Meinetwegen. Aber erst putz dir mal die Nase. Du schnorgelst wieder entsetzlich.

Nele

Das ist nicht die Nase. Der Schlamm sitzt hinten im Mund.

Vater

Weil du dich eben nie richtig mit dem Taschentuch schneuzst.

Nele

Mit dem Taschentuch geht's nicht. Mir ist doch gar nicht schneuzerisch, nur bobelig, weißt du, so mit dem Finger, als ich noch klein war.

Vater

Das brauchst du mir gar nicht erst vorzuführen.

Nele

War ich sehr klein, als ich noch klein war?

Vater

Ja, aber jetzt bist du groß genug zum Schneuzen. Du hast wohl einfach kein Taschentuch?

Nele

Eventuell schon. Aber ich bring's nicht heraus. Zieh mal!

VATER

Wenn du auch wunder was alles in die Tasche stopfst. Was ist denn das Scheußliches?

NELE

Nichts Scheußliches, Dati, was Gutes. Eine saure Gurke. Hab ich mir heut beim Essen aufgehoben.

VATER

Na hör mal, seit wann wickelt man Essen ins Taschentuch? Und noch dazu saures, das macht doch den Stoff kaputt.

NELE

Ich hab doch bloß gemeint, das wird Saurerstoff. Wird das keiner?

VATER

Wo hast du denn das aufgeschnappt, mit dem Sauerstoff?

NELE

Ach, halt vom Till. Unten im Teich, da ist nämlich viel Saurerstoff drin! Sonst können die Frösche nicht leben.

VATER

Die leben auch in der Luft.

NELE

Ja, in der Luft ist auch Saurerstoff. Überall ist Saurerstoff, und man sieht ihn gar nicht. Aber wenn er nicht da ist, dann muß man husten.

VATER

Na, husten – es bleibt einem halt die Puste weg.

NELE

Die Spucke auch?

VATER

Natürlich. Man kann einfach nicht mehr atmen.

NELE

Der Till hat oft keinen Saurenstoff. Dem Till bleibt oft die Spucke weg.

VATER

Der sagt nur so. Buben sagen das. Mädchen sagen das besser nicht. Das ist nicht fein.

NELE

Warum ist Spucke nicht fein, Dati?

Vater

Findest du vielleicht, daß Spucke fein ist?
(Räuspert sich demonstrativ)

Nele

Aber Puste ist fein. Das darf man sagen. Da ist Saurerstoff drin. Wo Saurerstoff drin ist, das ist fein.

Vater

Jedenfalls kann ohne Sauerstoff nichts leben. Du nicht, ich nicht, kein Tier, keine Pflanze, nichts. Nicht mal die Kerzen im Kranz da können brennen und kein Feuer im Ofen. Deshalb kann auf sehr hohen Bergen nichts mehr wachsen, und die Flieger müssen Sauerstoff mitnehmen, wenn sie sehr hoch fliegen; denn je höher es geht, desto weniger Sauerstoff ist in der Luft.

Nele

Und ganz oben im Himmel? Da ist gar kein Saurerstoff mehr? Aber Dati, dann können die Engel ja nicht leben!

Vater

Doch, doch, die Engel leben trotzdem, nur anders als wir.

NELE

Ohne Saurenstoff?

VATER

Ich glaube.

NELE

Gar kein bißchen Saurerstoff im ganzen Himmel? Warum macht denn der liebe Gott keinen Saurenstoff?

VATER

Weil er's nicht braucht. Er muß ja auch nicht essen, nicht trinken und nicht schlafen, das weißt du doch selber, und ist doch immer und überall.

NELE

Aber die Engel, Dati, wenn die jetzt auf die Erde herunterfliegen, da ist doch Saurerstoff, können sie denn da leben?

VATER

Freilich, die Engel leben im Himmel wie auf Erden.

NELE

Wie die Frösche vielleicht, im Wasser und in der Luft? Und wenn die Frösche Engel werden, Engelsfrösche, dann können sie's schon, gelt? Aber wenn du einmal ein Engelchen wirst, Dati, ein kolossal großes Engelchen, ein richtiger Engelsmann, dann mußt du's erst lernen ohne Saurenstoff? Du lernst es schon, Dati, du wirst es schon lernen!

(Zärtliche Umarmung)

Hast du schon mal ein Engelsfröschle gesehen?

VATER

Nein.

NELE

Aber einen Engel, einen gewöhnlichen, ohne Saurenstoff?

VATER

Leider auch nicht, mein Kind. Man kann sie nicht sehen.

NELE

Aber hören kann man sie! Ich hab mal einen vorbeifliegen hören. Es war so finster, so finster

– nur die Finsternis rauschte vorbei. Das war er, Dati, bestimmt. Aber du hast doch das Christkind gesehen, Dati. Ist das denn kein Engel?

VATER

Gewissermaßen schon.

NELE

Und den Geburtstagsengel? Und den Gutenachtengel? Und den Schutzengel? Wenn ich rasch hinter mich lange, erwisch ich manchmal so was Warmes. Weißt, so wie im Bett, wenn ich neben der Mammi schlafe. Dann lange ich im Finstern ganz heimlich hinüber, und husch, so warm, dann weiß ich: sie ist da. So ist das mit dem Schutzengel. *(Pause)* Dati . . .

VATER

Was denn, Nelkele?

NELE

Haben die Teufel auch Saurenstoff?

VATER

Damit sie recht gut pusten können, meinst du?

NELE

Ja. Und da braucht ihnen der liebe Gott nur einfach den Saurenstoff abdrehen – schwupps, sitzen sie da, und es bleibt ihnen die Spucke weg! Entschuldige: die Puste, mein ich. Das wär fein!

Gespräch in Moll

Kinderzimmer. Dämmerung.
Nele spielt allein Mühle

VATER

Allein Mühle? Kann man denn das allein spielen?

NELE

Da kann man doch am besten gewinnen!

VATER

Schon. Aber ist es denn nicht lustiger, wenn einer mitspielt? Du hast doch so viele Freunde.

Nele
(seufzend)

Ja, mei – man hat so viele Freunde, aber sie verlaufen sich so. Spielst du mit mir, Dati?

Vater

Was denn?

Nele

Das König-und-Johann-Spiel.

Vater

Wie geht denn das?

Nele

Zuerst heißt's: Johann, vorfahren!

Vater

Also gut: Johann, vorfahren!

Nele

Nein, ich bin der König: Johann, vorfahren!

Vater

Und jetzt?

NELE

Jawohl, Majestät! mußt du sagen.

VATER

Jawohl, Majestät! Und wie weiter?

NELE

Jetzt umgekehrt. Jetzt bin ich der Johann.

VATER

Johann, vorfahren!

NELE

Jawohl, Majestät!

VATER

Das ist aber ein sehr kurzes Spiel. Könnte man das Spiel nicht noch ein bißchen verlängern? Daß der Johann fährt und daß der König einkauft oder irgendwas?

NELE

Nein, Dati, was anderes. Spiel mal traurig.

VATER

Wie geht denn das?

NELE

Du mußt gar nichts tun, nur weinen.

VATER

Huhu – huhu.

NELE

Mußt nicht weinen, Dati, alles wird wieder gut!

VATER

Da bin ich aber froh.

NELE

Nicht so schnell froh sein, Dati. Du mußt erst ganz, ganz traurig sein. Wein!

VATER

Aber wenn ich doch gar nicht weinen will!

NELE
(energisch)

Ob du willst oder nicht willst, du mußt eben willen! *(Einlenkend):* Dati, es ist doch ein Spiel. Wein!

Vater

Huhu – huhu.

Nele

Ja, gelt, hast ein schweres Leben, glaub's schon. Und so kalt ist die Welt. Und wie's draußen so traurig vom Himmel flimmert und flammert. Und wie betrübt das Schiff seines Weges zieht, als wenn's keine Mutter mehr hätte . . .

Vater
(dem es dabei wirklich ganz anders wird)

Darf ich nicht lieber wieder der Johann sein?

Gespräch in Dur

Dachboden. Vater sucht nach dem Christbaumständer. Nele, völlig zerzaust, stürmt die Treppe herauf

Vater

Ja wie siehst du denn aus, um Himmels willen! Heut am Sonntagnachmittag!

Nele

Das seh nicht ich aus, das war die Kathi. Die Kathi sitzt mir auf der Latten, das sag ich dir! *(Flammend):* Aber da ist sie bei mir an die rechte Hand gekommen! Die hat wohl einen Frosch im Hirn? Erst hat sie mir eine lange Nase gemacht, da hab ich ihr eine lange Brust gemacht. So ein verwudelter Pfuiteufel. Das war eine Tragödie! Ich hab geglaubt, das Leben geht zu Ende. Mir graust's noch, wenn ich daran denke.

Vater

Mir auch. Du wirst eben recht frech gewesen sein.

Nele

Ich geb schon zu, daß ich die Frechere bin. Aber die Kathi ist die Unverschämtere, und einen Kopf älter ist sie auch.

Vater

Geht die Kathi nicht schon in die Schule?

Nele

Das macht mir gar keinen Eindruck. Aber das wird erst ein Humor, wenn ich mal zur Schule komme!

Vater

Das fürchte ich auch.

Nele

Ach, ich freu mich schon so auf die Schule, daß ich nicht mehr weiß, wo rechts und links ist.

Vater

In der Schule darfst du aber nicht derart umeinandertoben. Da mußt du mucksmäuschenstill dasitzen und atemlos aufpassen!

Nele

Immer den Atem anhalten? Da platz ich ja. Ich hab's schon versucht, unter Wasser. Das ist kinderleicht, wenn man's kann. Aber man kann's nicht aushalten. Ich könnt auch schon lang schwimmen, wenn ich mich trauen tät!

Vater

Geh ins Bad und stell dich unter die Dusche, das ist jetzt das Gescheiteste.

Nele

Darf ich mir ein Flattiertuch nehmen?

Vater

Meinetwegen.

Gespräch im Weihnachtszimmer

Zweiter Feiertag.
Überall tritt man auf Liebesperlen aus Neles Kaufladen

NELE
(laut singend)

O du fröhliche, o du selige, knabenbringende Weihnachtszeit *(abbrechend)*: Warum schaust du denn so lächerbar? Das ist kein Lachlied, das ist ein Weihnachtslied!

VATER

Sing nur weiter. Es war sehr schön.

NELE

Nein, du hast mich ausgelacht, Dati.

VATER

Ich hab dich nicht ausgelacht, ich hab nur darüber gelacht, daß du gesungen hast *knaben*bringende Weihnachtszeit. Es heißt nämlich gnadenbringende.

NELE

Ich finde knabenbringende schöner. Hast du mir etwas mitgebracht, Dati?

VATER

Ich war doch gar nicht fort, ich war doch nur eine Stunde im Wald spazieren.

NELE

Und da hast du gar nichts für mich gefunden, gar nichts? *(Strafend):* Wenn man sucht, findet man immer etwas, Dati, immer! Ich immer! Auch daheim, wenn ich Lust habe. Da schau ich in alle Verstecke, da find ich schon was. – Weißt du, was es heute mittag zu essen gibt?

VATER

Nein. Aber offenbar etwas sehr Gutes, weil du dich so freust.

NELE

Schinken! Drum hab ich so gelächelt geschaut. Und Spielgetti. Ich muß mir aber erst die Händ waschen. Sie sind noch voller Vitamine vom Klavierspielen.

VATER

Vom Klavierspielen? Und seit wann spielst du denn Klavier?

NELE

Seit vorhin. Den ersten Ton von »Ihr Kinderlein kommet« kann ich schon! Aber dann ist mir das Honigbrot auf die Tasten gefallen, und jetzt klebt's so.

VATER

Du bist schon ein rechtes Ferkel. Wenn jetzt die Christiane von der Kirche heimkommt und üben will, dann wird sie d i r eine kleben!

NELE

Wieviel Uhr ist es denn? Da haben wir noch genügend Zeit mit dem Putzen, Dati, wir zwei. Erb ich deine Uhr, wenn du einmal tot bist?

VATER

Vielleicht. Soll ich mich schicken?

NELE

Nein, ich möcht, daß du lebst, bis ich tot bin. Und die Mammi auch. Und alle, alle, alle!

(Stürmische, vitaminreiche Umarmung)

Das Puppengespräch

Geführt durch die Türe zwischen Kinderzimmer und Elternschlafzimmer

NELE

Weißt du, was ich meiner Puppe jetzt anziehe?

VATER

Welcher denn?

NELE

Der Ida.

VATER

Nein, das weiß ich nicht.

NELE

Hättest du's gewußt, wenn ich die Karin angezogen hätte? Oder die Heidi? Oder die Elisabeth?

VATER

Offen gestanden auch nicht.

Nele

Du weißt also überhaupt nicht, was man Puppen anzieht?

Vater

Das will ich nicht sagen. Ich weiß, daß man ihnen zum Beispiel Höschen anzieht.

Nele

Nur wenn die Puppenbeine nicht zusammengenäht sind. Denn bei den zusammengenähten gehen Höschen nicht.

Vater

Hast du denn überhaupt Puppen mit zusammengenähten Beinen?

Nele

Offen gestanden nicht.

Vater

Da kannst du also allen deinen Puppen Höschen anziehen?

Nele

Das will ich nicht sagen.

Vater

Du bist frech, du spottest mir nach.

Nele

Nein, Dati, wirklich. Für manche Puppen hab ich gar keine Hosen, denen kann ich sie doch nicht anziehen. Aber der Ida kann ich. Aber die hat sie ja schon an. Der will ich jetzt das Kleid anziehen. Das rotweiß gestreifte nämlich. Weißt du warum?

Vater

Nein. Warum?

Nele

Weil's ihr gehört. Darum!

Gespräch vom Alter

Silvesterabend am Familientisch

Nele

Dati, wie alt bist du?

VATER

Na, rat mal!

NELE

Neunzig?

VATER

Erlaub mal! Neunzig ist doch der Urgroßvater.

NELE

Achtzig?

VATER

Auch nicht viel besser! Achtzig ist der Churchill. Weißt du, der, nach dem wir dich Churchi rufen, wenn du gar keine Ruhe gibst.

NELE

Siebzig?

VATER

Ich glaube, du hast überhaupt keine Ahnung was das heißt: neunzig, achtzig, siebzig.

NELE

Sechzig? Sagen wir sechzig, Dati?

Vater

Jetzt kommen wir der Sache schon näher.

Nele

Fünfzig?

Vater

Warum zählst du denn immer nur in Zehnern? Du kannst doch schon ganz richtig bis hundert zählen, hab ich gemeint? Und bei der Uhr sagst du doch auch nicht einfach neun Uhr, acht Uhr, sieben Uhr, sondern wenigstens dreiviertel sieben oder halb sechs oder viertel nach fünf . . .

Nele

Bist du vielleicht viertel nach fünfzig, Dati?

Vater

Erraten.

Neujahrsgespräch

Nele kommt in Vaters Bett gekrochen

VATER

Wer kommt denn da schon in aller Frühe?

NELE

Ja, gelt, hast ein schweres Leben.
(Macht sich breit)

VATER

Au! laß mir nur auch noch ein bißchen Platz.

NELE

Dati, du riechst so gut.

VATER

Wirklich?

NELE

Ja, nach Toast.

VATER

Nach Toast?

Nele

Wenn er schon ein bißchen angebrannt ist.

Vater

Na hör mal!

Nele

Ja, weißt, wenn man ihn schon wieder abgekratzt hat. Und wenn er dann so warm im Körbchen liegt, schön zugedeckt. So riechts.

Gespräch am Schreibtisch

Nele an Mutters Sekretär, sehr beschäftigt

Vater

Was kritzelst du denn da Schönes?

Nele

Soweit ich's aus meinem Kopf kann, schreib ich »Heimeran«.

Vater

Wo hast du das denn überhaupt her?

Nele

Das hab ich gar nicht her, das kann ich notwendig.

Vater

Auswendig, meinst du.

Nele

Nein, inwendig. Schreib auch mal »Heimeran«, Dati. Sind das jetzt dieselben Heimerans? Merkt da keiner, daß es nicht dieselben sind? Welcher Heimeran gefällt dir besser: der von dir oder der von mir?

Vater

Mir gefallen sie eigentlich beide gleich gut.

Gefällt dir einer nicht wenigstens ein Tüpfelchen besser?

Vater

Dein Heimeran ist größer, aber meiner steht fester. Halt jeder in seiner Art.

Nele

Also mir gefällt mein Heimeran am besten, Dati, und dir gefällt vielleicht deiner am besten, gell? Schreib mal bitte meine Vordernamen.

Vater

Du hast nur einen Vornamen. Du heißt Cornelia. Nichts sonst. Nele ist nur eine Abkürzung.

Nele

Nein, nicht den Vornamen, die Vordernamen, die man ins Taschentuch stickt.

Vater

Ach so, die Anfangsbuchstaben. Da. Die kannst du doch aber schon.

Nele

Ja, aber ich hab vergessen, wie sie stehen, welcher im Westen und welcher im Osten. Aha. Kannst du mir auch etwas hinschreiben, das wie Heimeran aussieht?

Vater

Aussieht? Heimat sieht geschrieben so ähnlich aus, von vorn wenigstens.

Nele

Nein, das ist zu kurz. Und da ist hinten etwas anderes dran; es muß genauso aussehen wie Heimeran, nur anders aufgestellt.

Vater

Ja wozu denn eigentlich? Schreiben lernst du in der Schule noch früh genug.

Nele
(vorwurfsvoll)

Wir spielen doch, Dati! Wir wollen schreiben spielen! Einfach so herumwurschteln.

Vater

Leicht gesagt. Ich glaube nicht, daß man aus Heimeran etwas anderes machen kann. Da muß ich schon erst mal nachdenken.

Nele

Ist es eigentlich schwer, zu denken? Gelt, es hängt darauf an, von was? Was denkst du denn jetzt, Dati?

Vater

An Heimeran natürlich. An was denn sonst. Aber das einzige, was ich finde, das dieselben

Buchstaben hat, ist »Eiermann«. Aber ganz stimmt das auch nicht, da fehlt wieder das H, und das ist eigentlich die Hauptsache.

NELE

Gibt's denn überhaupt Eiermänner, Dati?

VATER

Gegeben hat es sie jedenfalls. Als ich noch so klein war wie du, kam alle Samstage einer zu uns. Der trug in einem großen Huckelkorb die Eier von Tür zu Tür. Butter brachte er auch mit, in grüne Blätter eingeschlagen, und zu Dreikönig eine Gans.

NELE

Dann schreiben wir einfach Gansbraten, Dati, magst du?

VATER

Und ob.

Das Kunstgespräch

Kinderzimmer in wildem Durcheinander.
Am Boden kauernd Nele, mit Malstudien beschäftigt

NELE

Schau mal, was ich gemalen hab!
(Schwingt stolz das noch feuchte Produkt)

VATER

Gemalt. Ja, ein prächtiges Gemälde.

NELE

Das hab ich mit richtigen Farben gemält!

VATER

Gemalt heißt's!

NELE
(ärgerlich)

Ma, ma, mä, mä – Nur der Schnee ist Zahnpasta. Weiß sieht man sonst nicht auf Papier, wenn man's nicht weiß.

Vater

Am besten gefällt mir die rote Sonne.

Nele

Das ist doch keine Sonne! Sonne ist doch nicht dreieckig!

Vater

Ich hab halt gedacht in den Wolken. Natürlich, es ist ein Berg, eine Art Fujiyama.

Nele

Nein, kein Amaberg, ein Haus.

Vater

Wieso denn ein Haus? Das ist doch höchstens ein Dach!

Nele

Das Haus kommt noch unten dran. Es gibt doch gar kein Dach ohne Haus. Das merkt doch jedes Kind, Dati!

Vater

Ich bin halt kein Kind mehr, Nelchen.

Nele

Armer Dati!

Ein Gleiches

NELE

Gibt's blaue Tulpen?

Vater

Nein.

NELE

Das ist ein Fehler, ein Leichtsinnsfehler, gell, einfach vergessen. Blau ist eine so schöne Farbe. Und ein so schönes Wort. Es tönt so. Himmelblau! Also, ich mal meine Tulpen himmelblau.

VATER

Das kann dir niemand verbieten.

NELE

Und weiß man trotzdem, daß es Tulpen sind?

VATER

Ich denke schon.

NELE

Ja gell, weil's eben Kunst ist. In der Kunst sind Tulpen blau, das ist ganz wurscht, wenn's nur schön ist.

Ostergespräch

An der Kirchenpforte

NELE

Was ist das für eine Kirche?

VATER

Die Frauenkirche.

NELE

Dürfen da keine Männer rein?

VATER

Dochdoch. Sie heißt nur nach der Jungfrau Maria so.

NELE

Da muß sie doch Jungfrauenkirche heißen.

VATER

Du weißt doch, daß Maria die Mutter des Herrn Jesus gewesen ist.

NELE

Ist der Herr Jesus in dem Kreuz da innen drin?

Vater

Wie meinst du das?

Nele

Sonst ist er doch außen dran?

Vater

Ja, jedes Kreuz erinnert an ihn und an Gott.

Nele

An den lieben Gott oder an den Herrn Gott?

Vater

An beides. Es ist ein und derselbe liebe Herrgott.

Nele

Ist der Tod auch ein Herr?

Vater

Das kann man sagen.

Nele

Aber kein lieber, gell, das ist der Unterschied. Und Dati, wann fahren wir denn in den Himmel, alle miteinander?

VATER

Was soll das heißen?

NELE

Du hast doch früh zur Mammi gesagt, heut gehn wir zu Fuß, aber zur Himmelfahrt nehmen wir dann den Wagen!

Das Erstens-Zweitens-Drittens-Gespräch

Vaters Dichterstubchen.
Die Tür wird aufgerissen

NELE

Darf ich auch mit ins Kino?

VATER

Nein. Erstens mag ich die Kinolauferei überhaupt nicht, zweitens hockt man sich bei dem schönen Wetter nicht ins Dunkle, und drittens bist du noch viel zu klein.

NELE

Und viertens? Wenn ich ins Kino darf, schenk ich dir auch ein Püpple, das »Mama« sagt!

Vater

Nein. Du bist noch viel zu klein, hast du mich verstanden?

Nele

Die Christiane darf doch auch!

Vater

Wenn du so alt bist wie die Christiane, reden wir weiter. Schluß jetzt!

Nele

So, jetzt ist es auch fertig mit mir! Zwischen uns ist es aus. Jetzt geh ich fort in die weite Welt und komm nie mehr ins Haus, und alles ist mir wurscht!

(Schmettert die Türe zu)

Vater

Nele, mach sofort die Türe anständig zu!

Nele

(zurückkehrend)

Schau mich doch nicht mit so Wellen an! Das hab ich doch nicht mit Abschuld getan.

VATER

Nicht? Dann ist's gut. Aber du bist schon aufregend.

NELE

Das sag ich auch.

VATER

Du weißt wohl wieder gar nicht, was du anstellen sollst?

NELE

Du brauchst keine Angst zu haben, ich beschäftige mich schon mit dir. Wie wär's mit zaubern? Sag, Dati, wie machst du das, daß etwas verschwindet, was da ist, und etwas erscheint, was nicht da ist. Zum Beispiel, zum Beispiel: wie wär's mit Kokosmakronen?

VATER

Heut ist kein Zauberwetter.

NELE

Oder Pralinen. Es können auch Pralinen sein. Du brauchst mir das Kunststück nicht verraten, ich will nur sehen, wie man's macht.

VATER

Ich weiß dir was anderes: du könntest sicher der Mammi helfen. Wo ist sie eigentlich?

NELE

Ich weiß nicht. Wenn die Mammi nicht da ist, ist sie entweder fort oder verschwunden.

VATER

Sie wird wohl in der Küche sein, weil die Karin Ausgang hat. Dann hat die Mammi immer am meisten zu tun.

NELE

Die Mammi hat immer am meisten zu tun.

VATER

Schon wahr. Drum unterhalten wir zwei uns am Sonntag oft grad, als wenn's gar keine Mammi gäbe. Dabei könnten wir uns ohne sie überhaupt nicht unterhalten!

NELE

Wie im Kasperltheater das Krokodil: es sagt kein Wort und frißt alle.

VATER

Das find ich aber keinen sehr passenden Vergleich. Jedenfalls kann die Mammi sicher Hilfe gebrauchen und freut sich bestimmt, wenn so ein Heinzelmännchen wie du helfen kommt.

NELE

Aber Heinzelweibchen gibt's doch gar nicht.

VATER

Stell dich nicht so an. Alle Frauen tun etwas im Haus. Also geh gefälligst hinunter und hilf, verstehst du mich endlich?

NELE

Ich bin doch keine Frau, ich bin doch nur eine halbe Frau und ein ganzes Kind. Und drittens bin ich noch viel zu klein.

Das Herzgespräch

An Vaters Wäscheschrank

VATER
(unschlüssig in den Krawatten wühlend)

Nele, was soll ich für eine Krawatte anziehen?

NELE
(aus dem Kinderzimmer herbeispringend)

Wohin gehst du denn?

VATER

In den Verlag natürlich.

NELE

Bloß in den Verlag? Du bist ja aber so fein, so extrafein.

VATER

Ja, weißt du, abends hab ich dann eine Konferenz, eine Sitzung.

NELE

Kommst du nicht heim zum Abendessen?

VATER

Nein, es wird spät.

NELE

Oooooh – dann bin ich ja ganz allein!

VATER

Wieso denn, die Mammi ist doch da. Sei recht

brav und geh ohne lange Fisimatenten ins Bett; da hast du ein Schokolädchen als Betthupferl.

NELE

Nein, danke, ich laß mich nicht mit Schokolade locken, du willst mich nur locken. Zieh die goldne Krawatte an, Dati, die lange; der Flecken ist raus, die Mammi hat ihn verduftet.

VATER

Ich wollte eigentlich ein Schleifchen anziehen, das ist lustiger. Sie sind jetzt sogar wieder modern.

NELE

Ist denn Sitzung etwas Lustiges? Dann nähm ich, dann nähm ich – heb mich mal, daß ich besser sehen kann! –, dann nähm ich die da. Die ist sehr lustig!

VATER

Ach ja, der weiße Schmetterling mit den roten Herzchen. Ob ich den noch anziehen kann?

NELE

Ist er versudelt?

Vater

Ich meine nicht wegen der Sauberkeit. Ich war fünfundzwanzig, als ich ihn bekam. Er ist extra genäht. So lustige Schleifchen mit Herzen gibt es nie zu kaufen, die bekommt man höchstens geschenkt, wenn man jung ist.

Nele

Hast du denn jetzt kein Herz mehr, Dati? So wie der Riese, der kein Herz im Leibe hatte?

Vater

Herz hat man immer, Nelchen, so alt man auch wird.

Nele

Dann kannst du doch auch die Herzchenkrawatte anziehen!

Vater

Eigentlich wahr. Herz darf man immer tragen. Besten Dank für die freundliche Beratung!

Nele

Gell, ich bin eine gehilfbare Tochter!

Gespräch an der Gartentreppe

Und endlich Sommer

NELE

Wer hat mir wieder meine Sandschaufel eingemottet?

VATER

Brüll doch nicht so! Da lehnt sie ja an der Treppe.

NELE

Ach, da am Kaländer. Entschuldigung. Ich hab mich vertäuscht.

VATER

Obacht, schmeiß den Greisenhauptkaktus nicht herunter!

NELE

Krieg ich auch einmal einen Kreislaufkaktus?

VATER

Wenn du so weitertobst wie eine Dampfmaschine, bestimmt. Du könntest ruhig ein bißchen Dampf abgeben, wenigstens zehn Prozent. Da, setz dir die Sonnenbrille auf, sonst hast du wieder ganz entzündete Augen!

NELE

Jetzt schauen wir beide gleichseitig aus, Dati, weil wir beiderseitig Brillen aufhaben. Bist du kurzäugig, Dati, oder langäugig?

VATER

Keins von beiden. Normal.

NELE

Die Christiane ist manchmal nicht ganz normal.

VATER

Wieso?

NELE

Der Till sagt's.

VATER

Das sind so Sprüche, die alle Brüder machen über ihre Schwestern.

Nele

Dati, dein Hemd ist auch nicht ganz normal. Dein Hemd schaut hinten am Gürtel aus der Hose. Wenigstens zehn Prozent.

Was-hast-du-mir-Gespräch

Nele, im Garten spielend, hört den Vater heimkommen

Nele

Komm schnell, Dati, komm schnell, schnell, schnell!

Vater
(herbeistürzend)

Was denn, was denn?

Nele

Ich hab einen Schneck, eine Schnecke, ein Schneckenkind . . .

VATER
(atemlos)

Jetzt hab ich mordswas gemeint! Das Schnekkenkind wäre uns wohl nicht davongerannt. Woher weißt du überhaupt, daß es ein Kind ist?

NELE

Das hat man so im Gefühl. Es kriecht so kindlich.

VATER

Sag mir erst mal richtig guten Tag!

NELE
(stürmisch)

Gutentag, Schönentag, Bestentag, Dati! Hast du mir etwas mitgebracht?

VATER

Ich kann doch nicht jeden Tag etwas mitbringen, Nele.

NELE

Aber ich darf doch jeden Tag fragen, Dati? Darf ich das nicht?

VATER

Na, weil Sonntag ist, hab ich dir wirklich etwas mitgebracht. Du darfst raten.

NELE

Süß?

VATER

Nein.

NELE

Ich bin auch heut gar nicht so eine Süße, eine Schokoladensüße. Ich bin eine Saure, eine Gurkensaure.

VATER

Es ist aber auch nichts Saures.

NELE

Lebertran vielleicht?

VATER

Wie kommst du denn auf Lebertran? Hast du den etwa so gern?

Nele

Nein. Ich habe nur Lebertran gesagt, weil ich Pfefferminz meine.

Vater

Es ist überhaupt nichts zum Essen.

Nele

Dann kann ich's nicht raten, Dati. Ich kann nur zum Essen raten.

Vater

Wieso denn? Das seh ich gar nicht ein.

Nele

Ich bin doch noch ein kleines Kind, Dati. Das kann man doch nicht so drauflosraten lassen in die weite Welt.

Vater

Na, na. Also komm mit, ich zeig's dir.

Nele

Ach, Dati, ich verehr dich. – Was ist das eigentlich: verehren?

VATER

Ich werd dir gleich eine hintendrauf verehren mit meinem Mitbringsel. Weißt du, was das ist?

NELE

Ein Teppichklopfer. Prima. Danke, Dati! Du bist mir lieber als ein Nikolaus. Hast du mir auch einen Teppich dazu mitgebracht?

Gespräch vor den Ferien

Vater und Nele besichtigen das Heimatmuseum

NELE

Sind das richtige Vögel oder gemachte?

VATER

Richtige, die gelebt haben. Und als sie tot waren, hat man sie innen ausgenommen und ausgestopft.

NELE

Und in dem Kasten da, was ist das?

Vater

Das sind Volkstrachten aus der hiesigen Gegend. So sahen früher die Fischer aus am See.

Nele

Sind das auch richtige, tote, ausgestopfte?

Vater

Neinnein. Nur die Trachten sind richtig. Die Köpfe, Hände und Füße sind aus Wachs gemacht.

Nele

Ich möcht mal einen Toten sehen, einen richtigen.

Vater

Ach Nele, das erlebst du früh genug.

Nele

Kannst du mir jetzt keinen verschaffen? Im katalogischen Garten vielleicht?

Vater

In was?

Nele

Im katalogischen Garten bei den Schlaraffen.

Vater

Ach, im zoologischen. Da müssen wir wieder einmal hingehen, da hast du recht.

Nele

Weißt, wo die kleinen wilden Schweinchen sind, die an der Mutter trinken. Das ist so herzig.

Vater

So ähnlich hast du auch an der Mammi getrunken. Das ist noch gar nicht so lange her.

Nele

War denn die Mammi früher ein Schwein? Gell, da könnten wir sie mit Eicheln und Bucheln aus dem Garten füttern, das wäre praktisch. Und in den Ferien täten wir sie frei laufen lassen. Ach Dati, ich bin froh, wenn wir wieder in die Schweiz in Ferien gehen. Bei uns herum brummt's ja nur so von Deutschen.

Das Sternengespräch

Den Abendhimmel betrachtend

NELE

Gell, Dati, alle Menschen sind was in der Sternform?

VATER

Du meinst, sie sind unter einem bestimmten Sternbild geboren, unter dem Sternbild des Widders vielleicht, wie die Mammi, oder des Krebses, wie die Frau Märker?

NELE

Ja. Gibt's da auch Eichhörnchen?

VATER

Nein. Eichhörnchen leider nicht.

NELE

Schade. Ich wäre gern ein Eichhörnchen in der Sternform. Was bin ich denn für eine Sternform?

VATER

Ein Zwilling. Siehst du: grad über uns steht es, das Sternbild der Zwillinge.

NELE

Zwilling ist doch kein Tier! Ich will ein Tierstern sein, kein Zwilling!

VATER

Tröste dich, ich bin auch ein Zwilling.

NELE

Wir zwei? So ein langer und so ein kurzer? Meinst du, das geht? Na ja, am Himmel vielleicht schon. Am Himmel geht alles. Und auf dem Mond, wo die Vögel wohnen.

VATER

Wieso denkst du, daß auf dem Mond Vögel wohnen?

NELE

Ich denk mir's halt, weil's schön ist. Darf man das nicht, so einfach drauflos schön denken?

VATER

Wenn man Märchen denkt, schon.

Nele

Es sollen aber keine Märchenvögel sein, sondern ganz richtige, die sich hinanschwingen und sich ausruhen, und der Mond schwimmt mit ihnen davon. Wie im neuen Auto, wenn ich ganz lang die Augen zuhalte, und plötzlich sagst du dann: »Aussteigen, wir sind daheim!« Dati, ich muß dich was fragen. Bist du jetzt eine Weile zufrieden mit dem neuen Auto?

Das Heiratsgespräch

In den Himbeeren

Nele

Heißt der Tante Ulla ihr Bräutigam wirklich Kater?

Vater

Nein, das ist nur sein Kosename.

Nele

Ist Kater Kose, Dati? Aber uns kann's ja gleich sein, gell, es ist ja nicht unser Bräutigam. *(Stopft sich den Mund mit Beeren.)* Ich heirate einmal den Florian.

VATER

Nanu? Früher wolltest du doch immer deinen Bruder Till heiraten?

NELE

Ja, früher, als ich noch klein war. Aber den Till heirate ich nicht, der wohnt ja bei uns. Ich heirate den Florian. Die Christiane verzichtet auf ihn, die zwei sind verkracht. Ich weiß es. Jedesmal, wenn ich was von ihm sage, sagt sie »Sei still!« Aber ich laß mich nicht trainieren! Ich heirat den Florian, da kann er gar nix machen. Der ist groß, das ist mir so beliebt. Ich mag große Männer lieber, mit denen kann man mehr Spaß machen. Dati, wann heirat ich?

VATER

Das hat noch Zeit, glaube ich. Da mußt du schon noch so zehn, zwanzig Jährlein warten.

NELE

Wie lang soll ich denn da noch warten? Unterdessen bin ich ja eine Großmutter!

VATER

Solange du noch Nägel beißt, kriegst du eh keinen Mann.

NELE

Dann kriegt kein Mann keine Frau!
(Drückt im Ärger das Gläschen in Scherben, in das sie die Beeren gesammelt hat)

VATER

Jetzt, bitte, wenigstens keine Tränen, wenn du schon so ein Zornickel bist! Geh hinauf, wasch dich. Das ist kein Blut, das sind die armen Himbeeren, die du mitsamt dem Glas zerquetscht hast!

NELE

Ich hab doch nicht gewußt, wie zärtlich das Glas ist! Entschuldige, Dati, es ist mir direkt peinlich!

Das Gespräch vom schönen Erlebnis

Abends.
Nele kehrt von einer Geburtstagseinladung zurück

NELE

Ich bin so traurig, daß die Einladung vorbei ist.

VATER

So ist das eben im Leben. Das eine hat man noch vor sich, das andere hinter sich.

NELE

Nein, auch mitter sich. Und das ist das Schönste.

VATER

Erzähl mal, wie war's denn?

NELE

Zuerst haben wir einen Zug gemacht mit so Zeugs.

VATER

Aha, Polonaise.

Nele

Wie?

Vater

Wie bitte, heißt's! Ich wollte nur sagen, so einen Zug heißt man nämlich Polonaise. Aber erzähl nur weiter.

Nele

Zuerst kamen die vorderen, und die andern hinterdrein. Und Hunde auch, Dati, reinrassige und rausrassige. Und am Landungsplatz haben wir uns im Sand verlaufen. Aber dann war's zu schneidig, und wir sind ins Haus und haben Kuchen gegessen und Würstl. Ich hab acht Würstl gegessen.

Vater

Na, ich danke! Hast du denn der Lilo auch etwas mitgebracht zum Geburtstag?

Nele

Das stimmt nicht, Dati, du hast dich versagt: ich war doch bei der Veronika eingeladen, nicht bei der Lilo.

Vater

Richtig. Hast du der wenigstens Blümchen mitgebracht?

Nele

Nein, die waren schon ausgeblütet. Ich hab ihr einen Goldfisch mitgebracht, einen eingemachten, im Glas. Hat mir der Till gegeben, der hat nämlich zuviel. Aber Dati: wenn jetzt der Goldfisch Geburtstag hat, was schenken wir dem?

Vater

Einen Till können wir ihm nicht gut schenken.

Nele

Nein, wir haben selber nur einen.

Vater

Vielleicht nochmal einen Goldfisch? Dann ist er nicht so allein. – Hast du denn den Weg von der Veronika ganz allein nach Hause gefunden?

Nele

Ich bin ihn doch schon mehr als einmal gegangen, Dati, schon zweimal! Ach, ich freu mich, was ich heut Schönes erlebt hab. Jetzt verzieh ich mich von hinnen und schlaf, daß es nur so knirscht, daß es saust, daß das ganze Haus wackelt. Gute Nacht!

(Ab durch die Mitte)

Gespräch bei Regen

Später Herbst.
Die Terrasse liegt voller Blätter und voller Spielzeug

VATER

Ich rufe schon die ganze Zeit, damit du deinen Krimskrams aufräumst auf der Terrasse; es fängt an zu regnen. Warum kommst du denn so lange nicht, wenn ich rufe, es regnet?

NELE

Es regnet doch jetzt immer, Dati. Und ich hab doch schon die Tischtennisplatte, die Tennistischplatte, ach verflixt, die Tischtennistischplatte hereingeschleppt. Du, ich hab einen Schweißkopf!

VATER

Die Tischplatte ist aber auch zu schwer für dich. Das verlangt ja niemand. Das hätte der Till tun können.

Nele

Du hättest mich eben einen Bub werden lassen sollen.

Vater

Da könntest du doch keine Mutter werden.

Nele

Dafür ein Vater. Die brauchen nicht ständig sausen, wenn's an der Tür läutet, oder so im Haus hin und her. Die sitzen einfach herum und ziehen die Uhr auf.

Vater

Meinst du mich?

Nele

Manche sind auch grob zu Bäumen und hauen sie ab. Die mag ich gar nicht. Aber dich mag ich, weil du der Hengst bist.

Vater

Wieso der Hengst?

Nele

Sind Hengste keine Väter, so starke?

VATER

Nur bei den Pferden. Da müßte ich dich ja Füllen nennen und die Mammi Stute.

NELE

Und die Köchin?

Gespräch an der Tujenhecke

Im Garten. Der Vater läßt das Planschbecken auslaufen und sperrt die Duschen ab. Es hat nachts gefroren. Unten am Tujenzaun unterhält siche Nele mit einem Nachbarskind

KIND

Geh halt raus!

NELE

Nein. Mein Onkel kommt zu Besuch.

KIND

Bei uns kommt die Tante zu Besuch.

Nele

Bei uns kommt immer Besuch.

Kind

Meine Tante bleibt bis morgen abend.

Nele

Mein Onkel bleibt bis Montag früh.

Kind

Komm doch mit!

Nele

Ich muß jetzt pressant gehen. *(Sie erscheint)*

Vater

Wer war denn das?

Nele

Das Ännchen.

Vater

Wo wohnt denn die?

NELE

Ach mei, da hinten am Wald. Ich war schon einmal dort im Sommer. Da war's noch so schön warm. Aber da sagte die Alte: »Du fremdes Mädchen, geh da weg!«

VATER

Was für eine Alte? Die Mutter?

NELE

Nein, so eine Großmutter. »Du fremdes Mädchen, geh da weg!«

VATER

Das war allerdings nicht sehr freundlich von der Großmutter. Was hast du denn da getan?

NELE

Ja mei. Aber da ist der Ernstel gekommen und hat mit mir gelächelt. Da bin ich zum Ernstel heim, da war die Bara da, und ich war da und die Georgette, die kennst du nicht; ich kenn sie auch nicht. Und dann ist mein Lieblingsbruder gekommen und hat mich geholt.

VATER

Dein Lieblingsbruder? Wer ist denn jetzt das?

Nele

Der Till doch.

Vater

Da kannst du doch nicht sagen Lieblingsbruder.

Nele

Warum?

Vater

Weil du nur einen Bruder hast.

Nele

Aber die Frau Brockl sagt auch Liebling zu ihrem Mann und hat auch nur einen. Und heute gibt's mein Lieblingsessen, trallerallala, aber ätsch, das sag ich jetzt nicht!

Gutenacht-Gespräch

Am Kinderbettchen, vor dem Einschlafen

Nele

Nicht ganz dunkel machen, Dati!

VATER

Ich laß nebenan brennen.

NELE

Der Hahn tropft.

VATER

Ich mach ihn schon zu.

NELE

Gibt's Wassergeister?

VATER

Nur im Märchen.

NELE

Aber Nixen gibt's?

VATER

Auch nur im Märchen.

NELE

Aber Fische gibt's wirklich, und die gibt's auch im Märchen. Mir fährt alles so komisch durch den Kopf. Sind der Jonathan und der David zwei Fische?

Vater

Nein. Da hast du zwei biblische Geschichten durcheinander gebracht. Du meinst Jonas und den Walfisch und David und seinen Bruder Jonathan.

Nele

Leben sie noch?

Vater

Nein, was in der Bibel steht, davon lebt keiner mehr.

Nele
(vorwurfsvoll)

Aber das Christkind doch, Dati!

Vater

Freilich, da hast du recht.

Nele

Du, Dati, wer hat denn Adam und Eva im Kinderwagen geschoben, als sie noch klein waren?

VATER

Ja, weißt du, die hat der liebe Gott gleich erwachsen geschaffen, weil niemand da war, der sie hüten konnte.

NELE

Ach so, eigentlich praktisch. Aber ich möcht nicht erwachsen auf die Welt kommen; ich möcht am liebsten immer ein Kind sein.

VATER

Ich auch, Nelkele. Jetzt schlaf aber, kleine Zwetschge! Soll ich mit dir beten? Oder willst du allein beten?

NELE

Nein, Dati, sag's der Mammi. Wenn ich nicht mit der Mammi bete, bin ich so unsicher.

Gutenmorgen-Gespräch

Wohnzimmer. Nele dreht am Radio herum

VATER

Sagst du mir heut gar nicht guten Morgen?

Nele
(stürmisch umarmend)

Guten Morgen, Dati! Ich hab heut fast vergessen, daß es schon Morgen geworden ist.

Vater

Was suchst du denn am Radio?

Nele

Ach, irgend was. Aber die schlafen noch. Weil Sonntag ist!

Vater

Nein, da ist wahrscheinlich nur wieder das Kabel locker.

Nele

Obacht, Dati! Weißt du sicher, daß nichts passieren kann? Wenn es aber einen elektrischen Bumser gibt?

Vater

Dich hat's wohl einmal erwischt, was? Ich sag dir ja, laß die Leitungen in Ruhe, besonders die in deinem Zimmer, solang es gerichtet wird. Wie hast du übrigens heut nacht geschlafen beim Till?

Nele

So lila. Ich bin froh, wenn ich wieder bei mir schlafe.

Vater

Warum?

Nele

Beim Till ist immer soviel Föhn. Und oben auf seinem Schrank, das behag ich nicht!

Vater

Warum?

Nele

Da sitzt eine Klamotte.

Vater

Eine Motte?

Nele

Nein, so ein Ding, das herschaut in der Nacht, wenn man hinschaut.

Vater

Dann schau halt nicht hin! Oder mach das Licht aus, dann wird's stockdunkel.

NELE

Gibt's auch schirmdunkel, Dati? Aber da schaut sie ja gerade, die Klamotte, wenn das Licht aus ist. Wenn man das Licht anmacht, ist sie weg. Aber dann hat der Till gesagt, ich soll das Licht ausdrehen, gefälligst, und dann hat er's gefälligst selber ausgedreht, und sofort hat wieder die Klamotte vom Schrank geschaut. Und da gramselts mich so! Aber in der Früh, da hab ich mit dem Till Humor gemacht, da hätt' ich beinahe in die Hose gelacht!

(weise)

Ja, gell, die Kinder!

Dialog mit einem Säugling

»Du bist ja wach, kleines Fräulein! ›Aufgewacht ist Castiliens Löwe‹, wie es auf unserer Carusoplatte heißt. Was den Löwen betrifft, so möchte ich dich allerdings eher mit einem Entchen vergleichen, eilfertig und blondbeflaumt. Hab ich dich geweckt? Ich wollte nur mal nach dem Rechten sehen. Man hat uns zwei allein gelassen, und wir sollen keine Dummheit machen, bis die Mutter zurückkommt. Gestatte, daß ich dir den

Bettzipfel entreiße. Du erstickst ja bei der Hitze in deinem Castilien!«

Der Säugling blickt auf.

»Wie blau sie noch sind, deine Augensterne. Siehst du mich eigentlich? Wenn ich jetzt mit dem Finger winke oder meine Haare schüttle? Mir scheint, du schaust recht gradan. Oder erwartest du etwas Bestimmtes? Was könnte ich dir als Vater denn bieten? Macht dir vielleicht die Kinderrassel da Eindruck? Oder das Silbertrompetchen? Es hing schon über meinem Bettchen und hat sein Stimmchen gehalten, hör nur!«

Der Säugling wendet lauschend den Kopf.

»Aha: der Gehörsinn ist ausgebildet. Noch ehe du geboren warst, hast du dich bei Musik lebhaft gemeldet. Der Onkel Doktor hat uns Eltern zwar ausgelacht, als wir ihn befragten, was er uns wissenschaftlich über die Musikalität der Ungeborenen zu sagen hätte. Die Wissenschaft hat nichts darüber zu sagen, als daß dies Elternunsinn sei, bestenfalls bloße Mutterreaktion. Dabei haben wir's deutlich mit angesehen, wie du hüpftest vor Vergnügen, so oft wir Streichquartett spielten. Radio ließ dich kalt. Jedenfalls hat der Onkel Doktor nach der Geburt zugegeben, daß deine Ohrmuschel typisch musikalisch gebildet sei. Was wir nun wieder dahingestellt sein lassen, obwohl es uns natürlich schmeichelt und freut. Aber was würde er sagen, wenn er dich jetzt sähe? Du schielst ja, du schielst scheußlich, ich bitte dich. Das kann ich nicht mit ansehen, nein, da geh ich lieber.«

Der Säugling protestiert, daß der Wagen erzittert.

»Nur nicht so stürmisch! Ich lasse mich ja gerne aufhalten von dir. Du bist doch unsere Allerbeste, unsere Nele. Gefällt dir der Name Nele? Weich gesprochen, mit langem e. Etliche Tanten finden ihn unmöglich. Er kommt von Cornelia. Das erscheint allen großartig, und so steht es auch im Geburtsregister. Aber uns kommt Nele nicht aus Cornelia, sondern aus einem Buch, aus de Costers ›Ulenspiegel‹. Wir halten es nun einmal mit Büchern. Aus demselben Buch haben wir ja auch den Namen deines Bruders Till. Der hatte zwar seinerzeit auf die Frage, ob er sich lieber ein Brüderchen oder noch ein Schwesterchen wünsche, geantwortet: ein Hündchen! Jetzt ist er indessen hochbegeistert. Christiane sowieso. Die ist immer begeistert. Du siehst ihr übrigens lächerlich ähnlich, nur hat sie mit zwei Monaten viel mehr gelacht. Du bist energischer, scheint mir. Wenn du die Mundwinkel herunterziehst, so wie jetzt, siehst du ganz wie ein Churchill aus. – Soll ich dir villeicht noch meine Zigarre in den Mund stecken?«

Der Säugling runzelt die Stirn.

»Aber Churchi, warum so grimmig? Save Europe now! Ich will dich ein bißchen herumfahren, das lenkt ab. – Das ist der Ofen, der grüne, gute. Das ist die reinliche Wickelkommode. Das ist dein Bauernschrank. Auf der einen Türe ist ein Hans abgemalt, auf der anderen eine Resl. Beide unter Rosen. Die Resl hat den Spruch: ›Rosen welken, Marmor bricht, aber meine Liebe nicht.‹ Der Hansl versichert: ›So wie diese Rosen hier, bleib ich treu beständig dir.‹ Da die Rosen aber welken, wie wir ausdrücklich gehört haben, prophezeit der Schrank, daß der Hansl nicht lange treu bleiben wird! Das haben die biederen Vorbesitzer sicher nicht gemerkt. Es kommt im Leben so oft darauf an, daß man den Humor einer Sache begreift. Das ist es, was ich sagen wollte. Aber du hörst ja gar nicht zu, Nele! Du wirst doch um himmelswillen bei einer so lustigen Geschichte nicht weinen wollen?«

Der Säugling tut es in der Tat.

»Erlaube einmal, was hab ich dir denn getan? Oder hast du Hunger? Da muß ich dir aufs bestimmteste versichern, daß du dich täuschst.

Du hast erst vor einer Stunde 205 Gramm zu dir genommen. Bitte, hier ist die Kartei. Wird alles genauestens registriert. Römisch eins: Körper. Römisch zwei: Seele und Geist. Römisch drei: Außenwelt. Unterrubriken: Gewicht, Größe, Haare, Augen, Haut, Gelbsucht, Fontanelle, Bad, Ausgang, Lust- und Unlustbezeugungen usw. usw. Eine Erfindung unserer Freundin Solei – ein Triumph der Säuglingstechnik, meine Liebe! Zur Zeit hast du folgenden Trinkstundenplan: sechs Uhr, zehn Uhr, zwei Uhr, sechs Uhr, zehn Uhr. Immer direkt von der Quelle und im Überfluß. Da kannst du dich wahrhaftig nicht beschweren!«

Der Säugling brüllt stärker.

»Du willst mich doch nicht etwa unter Druck setzen? Sonst muß ich dich einfach stehen und brüllen lassen. So verlangt es die eiserne Konsequenz der Erziehung. Deren ich aber, unter uns, müde bin. Wir wollen einen Vergleich schließen: du bekommst den Schnuller. Sag's aber nicht weiter! Deine Geschwister haben ihn nie bekommen, die haben wir eisern brüllen lassen. Säuglinge müssen ihr Quantum brüllen. Weiß ich, weiß ich. Aber ich finde nachgerade, daß maßvolles Schnullen doch besser ist als maßloses Gebrüll. Also komm, nimm schon!«

Der Säugling lehnt ab und brüllt eisern fort.

»Du bist eine! Und du willst ein Sonntagskind sein? Es wird dir doch nicht ernstlich etwas fehlen? Hast dich richtig blau gebrüllt. Will dich doch lieber auf den Arm nehmen und dir den Rücken klopfen.«

Der Säugling beruhigt sich.

»Und reichlich feucht scheinst du mir auch zu sein. Ob ich dich auspacken soll? Ich habe das zwar seit zehn Jahren nicht mehr besorgt, aber ich sollte meinen, das verlernt sich ebenso wenig wie Schwimmen. An der Übung dürfte es freilich fehlen und Auftrag dazu hab ich auch keinen!«

Der Säugling niest.

»Benossen. Was benossen? Daß ich soll oder nicht soll?«

Der Säugling antwortet mit gewaltigem Aufstoßen.

»Hoppla! Na prost. Das also war des Pudels Lösung, wie unser Mathematikprofessor zu sagen pflegte. Fühlst du dich jetzt erleichtert, du Bäuerchen?«

Der Säugling lächelt huldvoll.

Der Vater steht verzückt.

Worauf der Säugling entschlummert und die Debatte beendigt.

Vater

Richtig. Hast du der wenigstens Blümchen mitgebracht?

Nele

Nein, die waren schon ausgeblütet. Ich hab ihr einen Goldfisch mitgebracht, einen eingemachten, im Glas. Hat mir der Till gegeben, der hat nämlich zuviel. Aber Dati: wenn jetzt der Goldfisch Geburtstag hat, was schenken wir dem?

Vater

Einen Till können wir ihm nicht gut schenken.

Nele

Nein, wir haben selber nur einen.

Vater

Vielleicht nochmal einen Goldfisch? Dann ist er nicht so allein. – Hast du denn den Weg von der Veronika ganz allein nach Hause gefunden?

Nele

Ich bin ihn doch schon mehr als einmal gegangen, Dati, schon zweimal! Ach, ich freu mich, was ich heut Schönes erlebt hab. Jetzt verzieh ich mich von hinnen und schlaf, daß es nur so knirscht, daß es saust, daß das ganze Haus wackelt. Gute Nacht!

(Ab durch die Mitte)

Gespräch bei Regen

Später Herbst.
Die Terrasse liegt voller Blätter und voller Spielzeug

VATER

Ich rufe schon die ganze Zeit, damit du deinen Krimskrams aufräumst auf der Terrasse; es fängt an zu regnen. Warum kommst du denn so lange nicht, wenn ich rufe, es regnet?

NELE

Es regnet doch jetzt immer, Dati. Und ich hab doch schon die Tischtennisplatte, die Tennistischplatte, ach verflixt, die Tischtennistischplatte hereingeschleppt. Du, ich hab einen Schweißkopf!

VATER

Die Tischplatte ist aber auch zu schwer für dich. Das verlangt ja niemand. Das hätte der Till tun können.

teil ist, wenn ich mich auf meinen Beeten, die mir an sich Arbeit genug machen, auch noch um die Vor- bzw. Nachfrucht Spinat kümmern soll, die noch dazu verhältnismäßig viel Platz pro Gericht beansprucht. Mir, einem leidenschaftlichen Anhänger der Salate, kommen daher die Spinate nicht mehr in den Garten. Was wir Nele vorsetzen, entstammte daher nicht dem eigenen Grund und Boden, sondern einem Baby-Paket, angefüllt mit reizenden Döschen, anzusehen wie Emaillackfarbentöpfchen, aber leider eben nicht mit Lackfarben sondern mit Spinaten gefüllt.

Das Paket kam von drüben. Ich weiß nicht, wie die Babys drüben auf Spinat ansprechen. Ich weiß nur, daß es eine Zumutung ist, zarten Menschenpflanzen etwas pur vorzusetzen, was wir erwachsenen Allesesser nur als Beilage gelten lassen.

Die gewitzte Mutter hat wenigstens Zucker beigegeben, um durch diesen frommen Betrug eine Erinnung an die Süße der Naturnahrung hervorzurufen. Ich kostete auch persönlich von diesem Mus, und eine tiefe Traurigkeit über das Leben im allgemeinen und über Spinat im besonderen erfüllte mein väterliches Herz bei dem Gedanken, daß ich auch Nele das eiserne Zeitalter nicht ersparen könne.

Um es kurz zu machen: Nele erstaunte zwar, beschielte den nahen Löffel so lange, bis ihr die eigene Nase die weitere Aussicht raubte, bohrte auch ihre weichen Fingernägelchen in das abwehrende mütterliche Handgelenk, entschloß sich aber, keinen Widerstand zu leisten, sondern das Gebotene möglichst schnell zu beseitigen und hinter sich zu bringen.

Mir kam dabei das altdeutsche Wort in den Sinn: »Die Weisen vertrucken ihren Unfall.« Ich werde nie mehr etwas über Spinat, desto mehr über Nele sagen.

Erste Worte

Früher einmal habe ich mich damit beschäftigt, letzte Worte zu sammeln, weil ich in ihnen die Summa gelebter Leben, der Weisheit letzten Schluß in Händen zu halten glaubte.

Heute würde ich indessen einer Sammlung erster Worte den Vorzug geben, dem Forscher gleich, der sich in die Ursprünge der Sprachen versenkt, um ihrer tiefsten Bedeutung inne zu werden. Nicht in der abgelebten Summe – im ungebrochenen, alles versprechenden Ansatz offenbart sich die eigentliche Richtung der Naturen.

Denn die kindliche Sprachwelt, sobald sie

erst einmal die bloßen Lallaute bemeistert, fängt ebensowenig, wie die Welt selbst, mit Mama und Papa an. Nicht selten steht das Schöpfungswort »Licht« auch am Anfang der Kindersprache. Nichte Ulla begann mit einem entschiedenen »nein, nein«, und viele Philosophen haben zu dieser unserer Existenz nach langem Nachdenken auch nichts Besseres zu sagen gewußt. Christianens erstes Wort dagegen war ein begeistertes »Hut, Hut« – womit sie sich gleichsam das ganze Dasein zur Zierde erklärte, und sie ist bis zum heutigen Tag fröhlich dabei verblieben. Auch Till hatte mit seinem Urwort »Biene« bereits die Vorliebe seiner Natur für alles Kreatürliche verraten.

Nele, das jüngste Studienobjekt, umfaßte lange Zeit alle Erscheinungen mit dem runden Jubellaut »Ball«, worunter sie Mutter, Sonne, Mahlzeit und Unterhaltung, alles Annehmliche inbegriff, bis sie dahinterkam, daß uns die Welt nicht bloß Lust, sondern auch Abschied, Schmerz, Langeweile, Angst und Geheimnis bereit hält. Dieses Schreckende und zugleich Lockende nannte sie »Auto«, wobei ihr aber unser Auto selbst ein Ball hieß. Mit »Auto« und »Ball« ließ sich alles ausdrücken, besonders wenn man diese starken Siegel mit Kopfschütteln, Strampeln, Bittebittemachen und Streicheln oder mit genießerisch schlürfenden oder protestierend krächzenden Lauten begleitete. So bestand für Nele keinerlei Anlaß, den Wortschatz zu vergrößern.

Wie aufregend also, als sich Nele eines Morgens im elterlichen Schlafgemach mit dem Wort »wudeba« hervorwagte. Vom Bettvorhängchen verborgen, übte sie hartnäckig den schweren Laut »wudeba«. Das war nicht nur neu, sondern insofern besonders bemerkenswert, als es sich hier zweifellos um ein Eigenschaftswort handelte, das Wort »wunderbar«. Eigenschaftswörter deuten aber ein bereits fortgeschrittenes Sprachstudium an, wie jeder weiß, der einmal Latein gelernt hat, wo es etwa anhebt: »Großmutter, Storch, liebt. Die Großmutter liebt den Storch.« Daß der Storch oder die Großmutter wunderbar wären, davon ist noch lange keine Rede.

»Hör nur«, sagte ich zur Mutter, »jetzt verdoppelt sie sogar die Silben, zweifellos, um eine Steigerung auszudrücken, das kluge Kind! Hast du gehört! Jetzt hat sie deutlich, ›wude *baba*‹ gesagt.«

»Wudebaba?« lächelte die Mutter und erhob sich, um Nele aus dem Bettchen zu nehmen. »Wudebaba, wo ist der Papa?«

»Dadebaba!« erwiderte Nele und streckte den rosigen Finger nach mir aus.

Da war ich schön blamiert! Aber nur als

Sprachforscher. Als Vater war ich hingerissen und trage ihn seitdem mit Stolz, den Kosenamen »Wudeba«.

Auf Turmfahrt

Christiane bevorzugt Kirchtürme. Wir richten unsere Spaziergänge danach ein, fangen bei St. Silvester an, schlagen einen Bogen um die Erlöserkirche und ums Gymnasium, das auch einen Turm besitzt und infolgedessen mitgezählt wird, machen gelegentlich noch einen Abstecher nach St. Ursula und wenden uns schließlich dem Englischen Garten zu, in dem auf künstlichem Hügel ein kleiner Rundtempel errichtet ist. Der Monopteros. Christiane nennt ihn Momopteros, was entschieden noch runder klingt.

Vom Momopteros blicken wir über freie Parkwiesen auf weitere elf Türme der Stadt. Christiane läßt sie sich jedesmal wieder aufzählen, obwohl sie die Namen längst auswendig kennt. Wie ein wohlvertrautes Märchen genießt sie den Ablauf der Worte, darunter so vielsagende wie Alter Peter, St. Salvator und Heiliggeist. Sie lauscht und regt sich nicht, läßt nur die Augen wandern von Turm zu Turm; die Zöpfchen stehen ihr straff vom Haupte ab wie die Halteseile eines Luftballons vor dem Aufsteigen.

Wenn wir heimkehrend am Schreibwarenladen des Herrn Rosenberger vorbeikommen, stellt Christiane mit Befriedigung fest, daß es hier auf Postkarten ebenfalls Alte Peters- und Frauentürme gibt. Auch daheim in den Bilderbüchern fahndet Christiane nach Türmen; sie sammelt Türme sozusagen. Sie ist drei Jahre alt.

Im Sommer waren wir auf dem Land. Amerang heißt der kleine, abseitige Ort. Es gibt dort Wald und Moor und keine Kurmusik, aber es gibt dort leider nur einen einzigen Turm, den Kirchturm. In seinem Schatten ist ein Scaliger begraben, der letzte aus dem berühmten Ghibellinengeschlecht. Wir besuchen seinen Grabstein aus rotem Marmor, auf dem der Herr von der Leiter sehr wehrhaft abgebildet ist, geschuppt und gebartet wie ein Krebs. An der Außenmauer der Kirche ist eine buntglasierte Votivtafel eingelassen, auf der eine Bauernfamilie aus gotischer Zeit eine Andacht verrichtet. Auch dieses Denkmal betrachten wir ein Weilchen.

Doch Christiane ist nicht für Denkmäler. Sie wünscht sich Türme. Ich habe daher mein altes Fahrrad mitgebracht, um unsern Gesichtskreis zu erweitern.

Ich spreche von dem alten Rad nicht im Ge-

gensatz zu einem neuen, sondern weil es schon lange her ist, daß es mir dient. Es ist abgeschabt und angerostet; seine altmodisch geschwungene Lenkstange erinnert an das Gehörn eines Büffels. Aber es hat noch Reifen und hält die Luft, wenigstens für ein paar Stunden.

Neu an ihm ist nur der Kindersattel, der auf die Querstange des Rahmens aufgeschraubt ist. Ich hebe Christiane in diesen Sattel, so wie in längst verschollenen Zeiten verwegene Reiter schöne Mädchen vor sich in den Sattel hoben und mit sich hinwegführten, und so gehen wir auf Turmfahrt.

Es ist Ferienwetter, kühl und trüb. Christiane trägt ein Mäntelchen mit spitzer Kapuze und sieht darin selbst einem Kirchturm ähnlich.

Zuerst kommen wir nach Obersuhr. Obersuhr besteht aus einem Bauerngehöft, einem Entenweiher und einer winzigen Kapelle, in die man nicht eintreten, in die man nur Einblick nehmen kann. Sie besitzt auch nur ein einziges Türmchen. Das zählen wir nicht!

Dann radeln wir durch Wald. Am Wegrain hat Christiane im Vorbeifahren eine Erdbeere erblickt. Ich habe sie nicht erblickt, aber ich kann mich darauf verlassen, daß sie vorhanden sein muß, wenn Christiane es sagt. Wir steigen ab, suchen und finden sie wirklich, weil sich erfreulicherweise mehrere Erdbeeren an diesem

Plätzchen versteckt haben. Christiane begleitet jeden Fund mit Jubelgeschrei und nötigt mich, ihn anzunehmen (etwas zerquetscht). Ich liefere ihr dafür ab, was ich finde. So teilen wir redlich.

Nach dieser Unterbrechung besinnen wir uns wieder auf Kirchtürme und setzen unsere Fahrt fort. Der erste richtige Turm, dem wir begegnen, ist der von Evenhausen. Christiane läßt ihn gelten; er trägt eine stattliche Uhr. »Aber warum ist er obenherum so dick?«

»Das ist ein Zwiebelturm.«

»Zwiebelturm?« wiederholt Christiane, »komis«.

»Nicht komis«, verbessere ich, »komisch, Christiane, sch, sch« und presse die Zähne zusammen. Christiane stößt nämlich ein wenig mit der Zunge an, was sehr drollig klingt; aber als Vater darf man's nicht leiden.

Sch, sch. Wir üben im Fahren Worte mit sch. Christiane plagt sich, und ich plage mich ebenfalls, da es jetzt stark bergauf geht.

»Warum muß sich der Dati plagen?«

»Weil er so fest treten muß.«

»Warum muß der Dati jetzt nicht mehr treten?«

»Weil es jetzt bergab geht.«

»Warum muß der Dati jetzt wieder treten?«

»Aber jetzt weißt du es doch warum, du siehst es ja.«

»Wie?«

»Wie bitte, sagt man.«

»Wie bitte?«

»Du siehst es ja, habe ich gesagt. Es geht schon wieder bergauf, bergauf muß ich mich immer plagen und treten.«

»Wenn ich dem Dati treten helfe, dann muß er sich nicht mehr plagen«, tröstet Christiane und strampelt mit den Beinen. Ich habe Mühe, das Rad im Gleichgewicht zu halten. Es ist nicht einfach zu radeln, wenn Christiane hilft.

Die Gegend ist reich an Kirchtürmen, an barockkomischen wie spitzgotischen. Sobald Christiane einen neuen Turm sichtet, verlangt sie den Namen zu wissen, um ihn ihrer Sammlung einzuverleiben. Ohne Namen kann man nichts sammeln, das ist wahr. Aber erst an den Ortstafeln kann ich Bescheid geben. Der heißt also Stephanskirchner Kirchturm, dieser da ist der Kirchturm von Kirchensuhr. Das ist sehr spannend und beschäftigt uns eine Stunde, zwei Stunden. Öfters steigen wir auch ab, drehen an großen eisernen Schlüsseln, klinken schwere, alte Holztüren auf und treten in Räume, in denen es nach Kalk riecht. Christiane durchstreicht in Schlangenwindungen die Bankreihen, indessen ich Umschau halte, ob etwas Bemerkenswertes zu sehen sei. Wenn wir viel Glück haben, entdecke ich auf einem Bild einen

Kirchturm, oder ein Heiliger trägt ihn auf Händen. Dann ist Christiane hoch befriedigt.

Unser letzter Besuch gilt dem Kirchturm von Diepoldsberg. Ich würde ihn mir gerne ersparen, weil das Berglein so steil ist, auf dem er steht, und der Weg so schlecht. Auch bin ich für meine Person etwas turmmüde. Aber da wir wissen müssen, wie er heißt, der weitragende, steige ich doch ab und schiebe Rad mitsamt Christiane mühsam bergan.

»Warum muß der Dati jetzt nicht treten, aber sich doch plagen?«

Ich gehöre zu den Vätern, die sich vorgenommen haben, ihren Kindern auf jede Frage nach bestem Wissen zu antworten. Jetzt fange ich an zu bezweifeln, ob ich diesen Grundsatz durchhalten kann. Ich bin ermattet, ausgefragt. Außerdem beginnt es zu regnen.

Diepoldsberg ermuntert mich wieder. Das Kirchlein ist so wohltuend schlicht: ein Klötzchen mit einem Dach und ein Bleistift davorgeleimt. Gerade der runde glatte Turm gefällt mir ausnehmend.

Aber Christiane gefällt er nicht. Er hat ja keine Uhr! Warum hat Diepoldsberg denn keine Uhr?

»Weil die Diepoldsberger kein Geld haben, vermutlich, um eine Uhr zu kaufen, denke ich mir.«

»Hast du Geld, Dati?«

»Ein wenig.«

»Kaufst du Diepoldsberg eine Uhr?«

»So viel Geld habe ich nun wieder nicht, Christiane.«

»Sade.«

»Schade, sch, sch.«

Ich wische mit dem Taschentuch, das nicht dafür gedacht ist, über die naßgeregneten Sättel, setze Christiane und mich zurecht und lasse das Rad laufen. Es geht jetzt immer abwärts bis Amerang. Der Regen fällt. Wir sehen keine Kirchtürme mehr. Christiane verstummt. Sie löst die Hände von der Lenkstange und lehnt sich an meine Brust zurück. Ich schließe meine Arme eng an sie an und fahre behutsam. Immer schwerer wird Christiane. Die Kapuze baumelt noch ein paarmal hin und her; dann liegt sie still. Christiane ist eingeschlafen.

Christiane hat Diepoldsberg nicht so schnell vergessen. Nach Monaten nämlich beschert ihr der Nikolaus ein rotes Geldbeutelchen mit goldenem Bügel und einem silbernen Pfennig. Da ist ihre erste Frage: »Darf ich jetzt die Uhr kaufen für Diepoldsberg?«

Dieser Vorfall hat mich auf die ganze Geschichte gebracht. Sie ist wahr, nichts weiter.

Kalendersprüche

Jeden Morgen reißen wir gemeinsam das alte Kalenderblatt ab um nachzusehen, was der neue Tag bringt. Wir treffen uns zu diesem Zweck im Badezimmer. Denn der Kalender, den wir meinen, hängt nicht neben dem Schreibtisch und nicht unter der Küchenuhr – dort hängen andere Kalender, viel schönere eigentlich, Kunst- und Kochkalender – unser gemeinsamer Kalender hängt im Bad. Ich weiß nicht, ob es anderswo auch üblich ist, Kalender im Badezimmer aufzuhängen; bei uns ist das jedenfalls üblich, seitdem Christiane die Zahlen kennt. Sie hat von früh an eine große Vorliebe für Zahlen bekundet; von uns hat sie das nicht. Vielleicht hat sie diese Neigung von ihrem Onkel Otto ererbt, der schon als Volksschüler, wenn er krank im Bett lag, zur Erholung rechnete. Während unsereinem Rechnen Kopfweh macht, konnte er sich's durch Rechnen vertreiben.

Der Badezimmerkalender ist nur ein kleiner Block, aufgeklammert auf einer gewaltigen Papprückwand, die uns das Jahr über an die guten Dienste unseres Kohlenlieferanten erinnern soll. In goldenen, erhabenen Buchstaben ist die Firma aufgeprägt, von schwarzen Briketts umrahmt. Alle Jahre ist es dieselbe Rückwand und alle Jahre schneiden wir sie herzlos weg, so daß nur ein Kartonrändchen und der Block selbst übrig bleiben. Es gibt andere Kohlenfirmen, die sehen das voraus; sie drucken daher ihre Empfehlung und ihre Brikettbilder auf jedes Kalenderblatt, oder liefern ein Jahreskalendarium, so angeordnet, daß man den Werbetext nicht beseitigen könnte, ohne zugleich das Kalendarium zu zerstören. Aber solche Kalender hängen wir dann überhaupt nicht auf, und so siegt jedesmal doch unser alter Lieferant, dem wir treu bleiben, auch wenn wir ihn wegschneiden.

Im Badezimmer beginnt man den Tag, also ist da der beste Platz für einen Kalender, finden wir. Mit immer frischer Spannung treten wir an ihn heran, um ihn zu befragen, wie wir den neuen Tag zu nehmen hätten. Der Kalender sagt es uns mit einer Zahl für Christiane, und mit einem Spruch für mich.

So geht das vor sich: Ich trete aus der Schlafzimmertür ins Bad. Sobald Christiane im Kinderzimmer dies vernimmt, kommt sie aus ihrer Tür ebenfalls ins Bad getrippelt. Wir begrüßen uns zärtlich. »Hast du gut geschlafen?« fragt Christiane und gibt mir einen Morgenkuß auf die Wange. Wenn ich schon beim Rasieren bin, verschieben wir den Kuß natürlich, bis ich mich des Seifenschaums wieder entledigt habe.

Nach dem Kuß kommt der Kalender an die Reihe. Das Abreißen des Blattes besorgt Christiane. Früher habe ich sie zu diesem Zweck emporgehoben. Jetzt ist sie selbständig, klettert auf den Badehocker und zieht das Blättchen rasch und säuberlich ab. Es wächst kein so liederlicher Wulst über den Block mehr herein, wie ehemals; wir müssen nicht mehr mit der Nagelschere die Papierreste vergangener Tage aus dem Blechfalz herausbohren. Wir erzielen jetzt lauter glatte Tage auf unserem Kalender; auch geht er nie nach, wie andere Kalender tun.

Besonders schöne Blättchen sammeln wir. Der Kalendermacher ist ein Mann, der alle Höhen und Tiefen des Menschenlebens durchschritten hat und für alle Lebenslagen einen Spruch bereit hält. Wir kennen den Mann nicht; er verschweigt seinen Namen. Er verschweigt auch die Namen derer, denen er seine Sprüche mitverdankt. Denn nicht alle hat er ganz allein gemacht, zu manchen hat er nur beigetragen, wie wir merken, wenn er zum Beispiel schreibt: »Wenn du nicht weißt, was man tun darf, frage eine Frau.« Goethe hat das im Tasso auch gesagt, aber viel umständlicher. Darum gibt der Kalendermacher vielen Gedanken, die andere gedacht haben, die letzte Form, damit wir sie besser verstehen können.

Auch Christiane versteht bereits, »daß sich

das Meer nicht erschöpft« und »daß Ja gut ist, aber Nein oft noch besser«, wie der Kalender versichert. Während sie sich sonst darauf beschränkte, voll Entzücken das Zahlenbild des frischen Blättchens zu begrüßen, verlangt sie neuerdings, daß ich ihr auch die Sprüche vorlese und soweit als nötig erkläre.

»Freitag, den 9.« lese ich vor: »Tage voll Harmonie vergiß nie.«

»Was heißt Harmonie, Dati?« fragt Christiane.

»Wenn wir uns recht lieb haben und wenn es kein Geschrei gibt, den ganzen Tag, und wenn du recht brav bist und tust, was man dir sagt – –«

»Aha,« bricht Christiane ab. Über Harmonie fühlt sie sich ohnedies hinreichend unterrichtet. Dagegen ist sie sehr begierig zu erfahren, wie das mit dem Heiraten steht, von dem der Kalendermacher sagt: »Heirat im Mai bedarf ihrer zwei«.

»Wir zwei heiraten, gelt Dati?« sagt sie.

»Nein Christiane, seinen Dati kann man nicht heiraten.«

»Dann heirate ich die Mammi.«

»Auch nicht. Die Mädchen heiraten Buben. Du bist doch ein Mädchen.«

»Aber der Till ist ein Bub.«

»Ja, aber er ist dein Brüderchen; Brüderchen kann man auch nicht heiraten.«

»Wen kann man denn heiraten, sapperlott?«

»Sapperlott sagt man nicht. Einen Mann heiratest du, wenn du größer bist.«

»Wenn's aber ein recht abscheulicher ist?«

»Dann heiratest du ihn eben nicht.«

»Kann ich dann gar nicht heiraten? Dann bin ich aber traurig!« Sie macht eine Schnute, legt den Kopf in die Hand und läßt ein paar große Tränen rinnen. Darauf versteht sie sich meisterhaft. Obwohl ich diese Komödie kenne, rührt sie mich doch; schließlich sind es die ersten Tränen, die da Christiane um einen Mann vergießt, und da mache ich mir eben auch meine ersten Vatersorgen.

»Jetzt hör auf mit dem Theater«, befehle ich.

»Was ist Theater, Dati?« fragt Christiane. Sie ist sogleich heiterer Laune, weil sie ein neues Gesprächsthema wittert.

»Du weißt genau, was Theater ist,« erwidere ich. »Frag doch nicht immer, was du längst weißt!«

Christiane legt den Finger an die Nase und denkt nach. »Was weiß ich vielleicht noch nicht?« fragt sie.

Jetzt schiebe ich sie endgültig aus dem Badezimmer hinaus.

Der ganze Maimonat ist, wie es sich gehört, mit Liebessprüchen besetzt. Manche muß ich Christiane unterschlagen. Wenn der Kalendermann empfiehlt: »Mann, nimm's genau, sonst schmollt die Frau« oder »Treib nicht mit andern Minnespiel«, da würden Erklärungen zu weit führen. Ich wundere mich selbst schon genug über die Ansicht des Kalendermanns, wenn er betont: »Die Liebe ist der Frau ein Heiligtum.« Er für seine Mannsperson hat offenbar anders darüber gedacht; meinetwegen, aber das ist noch nichts für Christiane. Da muß ich aus meinem Erinnungsschatz andere Sinnsprüche unterschieben; und ich verspüre dabei nicht übel Lust, auch einmal einen Kalender zu machen. Es müßte ein hübsches Geschäft sein. Es würde ein Familienkalender werden, versteht sich, der sich auch im Mai für Väter und Töchter eignet. Ich wüßte schon wie! »Das Haus verliert nichts.« »Du als der Ältere könntest auch der Gescheitere sein.« »Die Böden sind nicht dazu da, daß man darauf herumtrampelt.« Solche goldene Hausregeln würde ich darin aufnehmen.

Die schlagendsten Weisheiten hat sich der Kalendermacher für die roten Sonntage aufgespart. »Alles ist eben nicht einfach im Leben« verrät er uns. »Man muß immer gut und lieb sein, soviel man kann.« »Wirf keinen Stein zum Nachbarn hinein!« »Die Zeit der Jugend ist voller Zauber.« »Kurzes Mahl am Abend, macht die Nachtruh labend.« »Auch die Natur hat ihr Erhabenes.«

Richtig, richtig! Das kann man nur unterschreiben. Und so ist es durchaus verständlich, daß nicht nur Christiane und ich tief beeindruckt sind von den Worten des Kalendermannes, sondern daß eine seiner ewigen Wahrheiten, die er aus dem Born bereits vorhandener Wahrheiten geschöpft und ein wenig umgedichtet hat, wiederum Eingang fand in ein bekanntes zeitgenösisches heiteres Buch. Das Buch will ich nicht nennen, aber den Spruch will ich anführen. »Alles verstehen«, sagt der Kalender, »heißt alles *begreifen.*«

Der siebzigste Geburtstag

Es könnte auch der fünfundsiebzigste sein oder überhaupt eine jener späteren Lebensstationen, an denen man sich nicht gerne mit neuem Gepäck belastet, da erhebt sich für die Angehörigen die Frage: was schenkt man zu solchen Geburtstagen? Insbesondere, wenn es sich um Männer handelt, um Väter, um Großväter.

Es ist an und für sich schon schwierig, Vätern Geschenke zu machen. Sie haben, was sie brauchen, oder sie kaufen sich, was ihnen fehlt. Man schenkt ihnen daher, was man immer noch brauchen kann und was immer wieder fehlt: Zigarren, Wein, Krawatten, Bücher. Wenn man das aber bereits ein Leben lang getan hat, wenn sämtliche Systeme von Korkziehern vorhanden und sämtliche Persönlichkeiten der Geschichte biographisch vertreten sind, dann fragt man sich als Gattin, Kind oder Schwiegersohn verzweifelt: was nun? was noch?

Denn jetzt, nachdem sämtliche Möglichkeiten erschöpft sind, soll es überdies etwas Besonderes sein zu einem so besonderen Geburtstag. Fernerstehende haben es einfach; sie widmen dem Jubilar etwas gutgemeint Schriftkünstlerisches, eine sogenannte Adresse, oder etwas Graviertes, oder etwas unbenutzbar Repräsentatives in Silber oder Kristall. Wir Familienangehörigen aber stehen vor der Aufgabe: was ist sinnig, nützlich und höchstpersönlich zugleich?

Den Jubilar selbst darüber zu befragen, hat keinen Sinn. Er wird uns empfehlen, uns nicht in Unkosten zu stürzen, und überdies wünsche er den Tag in aller Stille zu begehen. Auch werden wir vergeblich unter den sogenannten Neuheiten, die auf den Markt kommen, etwas Geeignetes ausmitteln. Glaubt irgendwer, daß sich ein Jubilar etwa an einem ganz neuartigen Rasierapparat erfreuen würde? Ich glaube, er würde ihn in der Nachttischschublade verschwinden lassen und sich mit seinem alten Apparat weiterrasieren, und so würde er mit allen Neuheiten verfahren.

Nein, für einen Jubilar im Familienkreis kommen ernstlich nur Geschenke in Frage, die der Fülle des Gemüts entspringen. Als Kind machte es einem keine Schwierigkeiten, ein väterliches Geburtsfest aus eigenen Kräften zu schmücken. Eine Handarbeit, ein Gedicht, ein Vortrag auf der Geige, eine Aufführung wohl gar, in der ein Engel oder Genius (in ein langes Nachthemd gekleidet) ewige Gesundheit und Freude allerwegen verhieß, dergleichen verfehlte seinen Eindruck nie.

Aber da ich, selbst schon Vater geworden, diesen Eindruck mit Nachthemdenallegorien oder Ziernagelarbeiten persönlich nicht mehr hervorbringen kann, verfalle ich auf den Ausweg, meine Kinder heranzuziehen und aus ihnen Kapital zu schlagen.

»Christiane, komm einmal her!« rufe ich, »wir müssen uns etwas ausdenken. Der Opa hat demnächst Geburtstag.«

»Mit Lichtern?«

»Natürlich mit Lichtern. Und nachher gibt es Torte. Aber vorher müssen wir ihm etwas machen, was wir ihm schenken können.«

»Ein Puppenhaus!« schlägt Christiane vor. Sie empfiehlt aller Welt, sich Puppenhäuser zu wünschen oder wenigstens nachts davon zu träumen. Ich sage, ich hätte eher daran gedacht, daß sie dem Opa etwas zeichne.

»Nein Dati, – weißt du . . .«

Sie ist nur schwer vom Puppenhaus abzubringen.

»Du darfst auch malen«, locke ich.

»Mit dem Pinsel?«

»Meinetwegen. Aber dann darfst du nicht wieder so auf dem Tisch herumschmieren wie neulich.«

Ich nehme den Malkasten aus der Schublade.

»Was soll ich denn malen, Dati?«

»Irgend etwas, was dir einfällt.«

»Mir fällt nichts ein«, erklärt Christiane künstlerlaunisch.

»Ach du malst doch sonst immer irgend etwas, ein Haus vielleicht?«

»Nein Dati, – eine Eidechse.«

»Gut, male eine Eidechse.«

»Nein Dati, – einen Briefkasten.«

Ich verschlucke Ermahnungen über dieses beständige Nein – Nein; denn schließlich bin ich jetzt zum Siebzigsten auf Christiane angewiesen. Dies herausspürend wütet sie gewaltig in den Farben herum.

Till, der es beobachtet, meldet sich nun ebenfalls und will auch malen.

»Nein, du bist noch zu klein«, verweist ihn Christiane, ohne ihre Arbeit zu unterbrechen.

»Ich bin nicht zu klein«, erklärt Till zornig und schleudert seinen Bären auf den Tisch.

»Till, wie kommst du mir vor?« schreit Christiane.

»Christiane, wie bist denn du?« schreit Till.

Das sind die heftigsten Ausdrücke ihres Scheltens.

»Ruhe!«, kommandiere ich. »Christiane malt und Till schreibt. Komm Till, wir schreiben ein Gedicht, und das darfst du dann aufsagen. Weißt du, was ein Gedicht ist?«

»Ja«, sagt Till gefällig.

»So, was denn?«

»Weiß nicht.«

»Wenn sich's reimt«, mischt sich Christiane siebengescheit ein. »Gelt, bin ein Tirolerbub, hab immer frohen Mut, reimt sich nicht?

»Nein, nicht recht.«

»Gelt, Dati«, sagt Till, »Kastanie und Pfefferminz reimt sich nicht?«

»Du gute Seel!« ruft Christiane und umarmt ihren Bruder in zärtlicher Erheiterung.

»Obacht, der Malkasten!«, rufe ich. »Paßt doch auf und mach weiter.«

»Bin schon fertig.«

Ich betrachte das Blatt. Es ist sehr bunt und daher gefällt es mir, obwohl ich wenig von dem beabsichtigten Briefkasten darin bemerke. »Es sind wohl Bienenstöcke geworden?« sage ich.

»Sind das Stöcke, mit denen die Bienchen spazieren gehen?«

Worauf wir natürlich lange von Bienen reden müssen und vom Geburtstag etwas abkommen. Auch kostet es Till ziemlich Mühe, seinen Vers zu behalten, in dem Opa auf Europa gereimt ist. Jeden Morgen proben wir von neuem, bis sich Till dermaßen mit Europa angefreundet hat, daß er es unaufhörlich im Munde führt. Er spielt ständig mit dem Wort, er singt, er brüllt es in allen Tonarten, wir können es schon gar nicht mehr hören.

Am Geburtstagsmorgen, ehe wir uns auf den Weg machen, proben wir ein letztes Mal.

»Nun, liebe Kinder?« sage ich.

Die lieben Kinder lächeln verschämt.

»Unser lieber Opa . . .« helfe ich nach.

Till senkt Strauß und Blick und schweigt. Christiane rupft verlegen an ihrem Gemälde. Es entsteht jene berühmte Peinlichkeit, die in Tränen enden wird, wenn nicht rasch Hilfe kommt.

Und sie kommt. Es läutet. Das Mädchen der Großeltern bringt eine Torte und bestellt, die sollten sich die Kinder gut schmecken lassen. Großvater sei verreist, man solle es ihm nicht übel nehmen, daß er sich allen Glückwünschen zum Siebzigsten entzogen habe.

So müssen wir's ihm schriftlich geben, mit welchem Jubel wir seinen Tag feierten und wie oft Till auf einmal wieder Opa und Europa hat hochleben lassen.

Himmelblaues Stümperle

Diesen Sommer habe ich mit Till einen denkwürdigen Spaziergang gemacht. Es ist sehr erholend mit ihm zu gehen; er sagt wenig, fragt wenig, verlangt nicht unaufhörlich Geschichten, wie Christiane sie fordert. Ausgesprochene Männerspaziergänge sind es: man versteht sich und damit gut.

Dabei ist mir zum ersten Male aufgefallen, daß Till die rechte Hand beständig in der Hosentasche trägt. Es ist noch keine richtige Tasche, sondern nur ein Schlitz zwischen dem Vorder- und Rückteil der himmelblauen Manchesterhose. Aber die Bewegung, mit der er mit dem Handballen sein Kittelchen zur Seite schiebt, um den Taschenspalt freizulegen, ist eine vollkommen erwachsene und alterfahrene. Genau so drängen wir Männer die Schöße unsres Sakkos beiseite, und nicht anders wühlen wir uns hierauf in die Tasche ein, als Till es tut. Auch bin ich überzeugt, daß er die Hand in der Hose zur Faust ballt – nicht weil ich ihn für eine händelsüchtige Natur halte, sondern weil es Männernatur ist, die Hand als Faust in der Tasche zu tragen. Es gibt Ausnahmen; so erinnere ich mich eines Lehrers, der in seinem Taschengehäuse beständig mit Schlüsseln klapperte, aber das war kein guter Lehrer.

Till sieht mir nicht ähnlich; er schlägt nach der Mutterseite. Aber seine Vorliebe, die Hand in die Tasche zu stecken, die hat er von mir. Es ist meinen Eltern schwer geworden, mich dahin zu bringen, wenigstens Respektspersonen nicht mit der Faust in der Tasche gegenüberzutreten; aber seitdem ich selber, wenigstens meinen Kindern, Respektsperson geworden bin, hat sich das alte Übel von neuem eingeschlichen. Man wird es mir beim Militär schon wieder abgewöhnen, denke ich, und gebe mir vorerst damit keine Mühe.

Wir haben den Prinzenweg eingeschlagen. Till läßt seine Linke an den Gartenzäunen entlanggleiten. Später nimmt er ein Steckelchen vom Boden auf und freut sich der Entdeckung, wie man es an den Zaunpfählen rattern lassen kann. Wenn er einst zur Schule geht, wird er sein Lineal zu dem nämlichen akustischen Zwecke benutzen, davon bin ich überzeugt, und wird damit die Zaunharfe prächtig zu schlagen wissen, ohne daß es ihn jemand lehren müßte. Denn so hat es schon sein Vater getrieben und vielleicht sind auch seine Vorväter solche Zaunharfner gewesen.

Der Prinzenweg, den wir hinrattern in der Sommersonne, verliert sich allmählich im Walde. Die Häuser, die man Landhäuser nennt und an denen zum Teil auch ausdrücklich angeschrieben ist, daß es sich um Landhäuser handelt – obwohl auf dem Lande wohl ohnedies niemand auf den Gedanken käme, sie als Stadthäuser anzusprechen – Häuser also hören auf und damit auch Gartenzäune. An ihrer Stelle bieten Baumstümpfe Beschäftigung. Till besteigt einen um den andern, bringt auf einem jeden einen fröhlichen Spruch aus, immer den nämlichen Singespruch auf die Worte »Alter, alter Petersturm!« und gibt sich nicht zufrieden, ehe er sich sämtliche Naturpostamente der Umgebung solchermaßen zu eigen gemacht hat. Ich habe viel Zeit, sein Tun zu beobachten und darüber nachzudenken, wie ich auch immer das Bedürfnis fühlte, größer zu scheinen als ich war – wobei ich inne werde, daß meine behaglich väterlichen Betrachtungen in ungemütliche Selbsterkenntnisse umgeschlagen sind. »Paß doch auf«, warne ich bisweilen meinen Baumstumpfkletterer, oder ich sage: »Wir wollen endlich ein bißchen zugehen.« Mit den nämlichen Wendungen bin auch ich spazieren geführt worden; nur ist mir noch nie zum Bewußtsein gekommen, daß ich solche Wendungen ebenfalls an mir habe. Ich habe bisher überhaupt nicht gewußt, daß ich bestimmte Redensarten gebrauche – so wenig wie Lehrer das zu wissen pflegen, bis es ihnen jemand eröffnet. Mir eröffnet es Till sozusagen; und gleich dieses »sozusagen« gebrauche ich immerfort. Ich denke weiter darüber nach. De facto, ad hoc, cum grano salis – ich vermute, daß ich auch diese Floskeln über Gebühr verwende. Mit Vorliebe spreche ich von der Genesis einer Sache. Ich werde noch auf mehrere solche Lieblingsausdrücke kommen, wenn ich darauf achte.

Vorerst ist dazu weiter keine Gelegenheit, denn Till hat einen Pilz entdeckt. Er kündigt seinen Fund nicht erst lange an, wie seine Schwester das mit Jubelgeschrei tun würde, sondern wird im Gegenteil auffallend still. Er kann einmal ein richtiger Schwammerlsucher werden, die sich bekanntlich wohl hüten, ihre Entdeckungen an die große Glocke zu hängen, um nicht andere Schwammerlsucher auf die Fährte zu setzen.

»Was ist das?« fragt er und hält mir einen stattlichen, braungezeichneten Parasol entgegen, der sich in seiner kleinen Hand wirklich wie ein altväterischer Schirm ausnimmt.

Ich sage es ihm. Ich sage ihm auch gleich, daß er ihn nur behalten soll; denn ich weiß, wenn ich ihn an mich nehme, bin ich verloren. Mit dem ersten Pilz erwacht die Jagdleidenschaft, geschürt von der Überlegung, daß sich mit einem einzigen Pilz daheim gar nichts anfangen läßt; es müssen schon mehrere sein, damit sie wenigstens zu einer Brühe oder einer Suppe hinreichen. Von der Pilzsuppe entwickelt sich bald die Begierde zum vollständigen Pilzgericht; und dann ist es mit Spazierengehen und Nachdenken für diesmal vorbei. Wer einem Schwammerlwesen den kleinen Finger bietet, dem nimmt es die ganze Hand und das Schneuztuch und alle Taschen und Behältnisse noch obendrein.

»Trag ihn nur selber, deinen Parasol«, sage ich also. »Ja«, antwortet Till verbindlich, was aber noch nichts beweist; er sagt oft ja, wenn er sich vorbehält zu tun, was er mag. Er mag den Parasol nicht lange tragen, das kann ich mir schon denken; was ich mir aber nicht denke, ist, daß er anfängt ihn zu verspeisen, um ihn auf diese Weise aus dem Weg zu räumen.

»Till, laß das gefälligst«, mahne ich und stelle ihm die Folgen unzweckmäßigen Pilzgenusses dar. Dieses »gefälligst« ist auch so eine Redensart und wahrseinlich schon seit Generationen in Familiengebrauch.

»Ja«, sagt Till, tut aber nicht dergleichen.

»Wenn du nochmal davon ißt, gibt's was auf die Hand, verstanden?« drohe ich und wiederhole zum Zwecke der pädagogischen Untermalung: »Was gibt's wenn du Schwammerl gegessen hast?«

»Kompott«, sagt Till.

Ich bin entwaffnet. Till bemerkt es mit schelmischem Behagen. Er öffnet den Mund zu einem leichten Lächeln und macht mir schöne Augen, auf die er sich dank seiner langen Wimpern geradezu berückend versteht.

»Ach, du himmelblaues Stümperle«, sage ich, einen Kosenamen gebrauchend, den ihm eine seiner zahlreichen Verehrerinnen verliehen hat. Mir sind solche Ausdrücke hemmungsloser Familienzärtlichkeiten sonst peinlich, besonders wenn sie gedruckt erscheinen. Aber wie er so dasteht, der kleine Kerl, sonnenbeglänzt vor dem dunklen Waldhintergrund, in der Prinzenpracht seines himmelblauen Kittelanzuges mit dem weißen Ledergürtel, bin ich gegen väterliche Gefühlswallung nicht mehr gefeit und nehme ihm den Parasol ab.

Ich opfere mein Taschentuch – es ist einigermaßen frisch – und opfere damit zugleich meine beschauliche Spaziergängerei. Denn nun gilt es, das Bündelchen zu füllen.

Es gibt dieses Jahr viele Reizker, Totentrompeten und Lackbläulinge. Mein Ehrgeiz zielt natürlich auf Steinpilze; aber dieser bekannteste Pilz ist selten geworden in den leicht begehbaren Waldgebieten, an die ich mich Tills halber halten muß. Ich führe ihn an der Hand, aber er will nicht geführt sein, will eigene Wege gehen. Er trägt alles herbei, was Pilz ist, sofern ihn nicht Regenwürmer oder Schnecken beschäftigen, die er mir ebenfalls mit schöner Kaltblütigkeit abliefert. So bin ich stark beschäftigt, ihn im Auge zu behalten und gleichzeitig nach Genießbarem auszuspähen, also zweierlei einander widerstreitende Tätigkeiten auszuüben, wie es Müttern auferlegt ist, die gleichzeitig die Hausarbeit verrichten und die Kinder beaufsichtigen müssen, was so müde macht.

Auch Till wird müde und bricht darob in Tränen aus.

»Aber Till«, sage ich, »ein Bub weint doch nicht.« (Redensart) »Warum weinst du denn?«

»Weil ich so traurig bin.« Trurig sagt er (auf schweizerdeutsch), was in der Tat noch trauriger klingt.

»Warum bist du denn so trurig?«

»Kohlrabifüßle«, sagt er erschüttert.

Er meint damit, daß seine nackten Beinchen kohlrabenschwarz geworden sind, und das kann er nicht leiden. Auch Kohlrabi kann er nicht leiden; und so hat er diesen Ausdruck des vollkommenen Abscheus gebildet.

Nachdem ich ihn noch einige Zeit vergeblich darauf aufmerksam gemacht habe, wie schön die Sonne durch die Stämme leuchtet, wie hier noch einige Rehstoppelpilze warten und daß wir bald unser Bündelchen gefüllt haben werden, entschließe ich mich, ihn auf den Arm zu nehmen und den Heimweg anzutreten.

Ich sehe jetzt eine Menge Schwammerl stehen, sie drängen sich mir geradezu auf, ganze Kolonnen von Pfifferlingen haben sich plötzlich in Marsch gesetzt weil sie wissen, daß ich mich jetzt mit ihnen nicht mehr befassen kann, ein Bündelchen an der Hand und das andere, lebendige im Arm.

Jenes wird mich daheim noch eine Weile mit Putzen beschäftigen, aber dieses wird sich in die Kissen mummeln, sich auf die rechte Seite drehen und unverzüglich einschlafen, wie es das von seinem Vater ererbt hat.

Samstagsunterhaltung

Wenn man eine Umfrage veranstalten würde, »Welcher Wochentag ist Ihnen der liebste?« so glaube ich nicht, daß der Montag viele Stimmen bekäme. Ich bin aber auch nicht sicher, ob der Sonntag auf die absolute Mehrheit rechnen könnte, denn es gibt viele Anhänger des Samstags – nicht gerade unter den Hausfrauen, aber unter den Männern und Kindern. Männer und

Kinder gehen gern ihrer Wege, ihrer eigenen Wege, und dafür ist der Samstag, der Putztag, der Tag des Hauses, wie geschaffen. Es gibt ein rasches, ein Samstagessen; man kann einige Zeit nicht in sein Zimmer; die Frauen binden sich Kopftücher um; und da nimmt der Mann gerne seinen Hut und auch das Kind entwischt der Aufsicht, um den Samstag als Sonnabend zu genießen.

Zu den besonderen Samstagsgenüssen gehörte in meiner Kinderzeit die Viertelstunde, die man nach dem Bad aufs Nachtessen wartend im Bette aufsaß, indessen der Vater sich nebenan zum Ausgehen fertig machte. Noch während des Rasierens trat er ins Kinderzimmer herein und gab uns, schaumschlagend, eine Schillersche Ballade zum besten. Unsere Haupt- und Lieblingsstücke: Handschuh, Taucher und Gang zum Eisenhammer sind mir noch heute mit einem zarten Honiggeruch nach Rasierseife gegenwärtig.

Um meinen Kindern auch einen solchen Samstagszauber fürs Leben mitzugeben, schaue ich mit ihnen nach dem Bad am Samstagabend Bilderbücher an – nicht Kinderbücher, sondern Erwachsenenbücher, Kunst- und Naturgeschichte. Besonderer Beliebtheit erfreut sich der große Brehm, den wir gründlich durchnehmen (ausgenommen die unsympathischen Geier), während sich unsere Kunstbetrachtung bisher auf die Feststellung von Kirchtürmen und Vitzliputzlis beschränkte. Für Kirchtürme hegt Christiane seit ihrem dritten Lebensjahr eine zärtliche Leidenschaft, während Till, jetzt in dem gleichen Alter, sich auf Teufel aller Art spezialisiert hat.

Auf diesem Wege der Kunstbetrachtung sind wir kürzlich an Alfred Kubins »Abenteuer einer Zeichenfeder« geraten, eine wahre Fundgrube von Vitzliputzlis. An Kirchtürmen dagegen konnte Christiane unter den sechzig Blättern nur einen einzigen entdecken, »und das ist auch nur so ein gewöhnlicher, kein romanischer, gelt Dati?«

»Gewiß, aber du kannst die Minaretts da mitzählen, das sind gewissermaßen auch Kirchtürme«, schlage ich vor.

»So?« sagt Christiane. »Meinetwegen.« Sie ist nicht engherzig in Kirchensachen, aber man wird verstehen, daß sie zunächst nicht viel übrig hatte für jemanden, der keine richtigen Kirchtürme liefert.

Während nun also Till in Vitzliputzlis schwelgt, verhält sich Christiane ausgesprochen kritisch.

»Warum ist in dem Buch denn alles so dunkel?« bemängelt sie. »Hat man verdunkeln müssen vielleicht?«

»Nein, es ist wirklich so dunkel.«

»Warum wird dann kein Licht gemacht?«

»Weil man im Dunkeln oft weiter sieht, als mit der Taschenlaterne, das weißt du doch auch.«

»Ich sehe aber nicht, was der Räuber da ißt.«

»Ich sehe es schon: einen Fisch.«

»Fisch mit dem Messer ? Gelt, das ist nur ein Märchen. Sind es lauter Märchen?«

Gar nicht dumm, denke ich. Im Märchen ist alles möglich, auch daß auf der Heringsbraterei der eine Kamin nach rechts raucht, der andere nach links, wie Christiane auf dem nächsten Blatte rügt. Während Till noch in der bloßen Signatur A.K. einen Teufelstritt zu erblicken vermag, den Pferdefuß sozusagen in jedem Federstrich, verlangt Christiane Licht, Deutlichkeit, Aufklärung wohin sie blickt. Sie ist eine lineare Natur, um mit Wölfflin zu sprechen, wie sich denn überhaupt in unsere Samstagsbelustigung kunstgeschichtliche Grundbegriffe einzumischen scheinen. Denn was geht in den beiden, die sich in ihren Schlafröcken an mich drängen, und mir von außen und innen warm machen, anderes vor, als was im Anfang aller Kunstbetrachtung vorgeht: Anziehung, Ablehnung, Vergleich, und wodurch wären sie zu lenken, zu berichtigen und zu vertiefen? Oder handelt es sich jetzt gar nicht um die Aufgabe, den Kindern die Kunst der Anschauung zu vermitteln, sondern umgekehrt, die Anschauung der Kunst mit Kindesaugen zu verspüren?

Christiane ist unterdessen zu dem Blatt »Antike Trümmer« vorgestoßen. »Was ist denn das wieder für eine Unordnung!« sagte sie vorwurfsvoll – ein Tadel, wie sie ihn selber öfters zu hören bekommt. »Oder ist etwas passiert?« Jedenfalls macht ihr das ganze Stilleben gestürzter Herrlichkeiten einen höchst bedauerlichen Eindruck. Wie soll ich ihr erklären, daß man daran sein Vergnügen finden kann?

Und so beginne ich zu fürchten, daß sich Christiane mit der abenteuernden Zeichenfeder nicht anzufreunden vermag, was mir leid täte, als das Blatt »die Arche« eine überraschende Wendung herbeiführt. »Genau wie bei uns!« ruft Christiane entzückt.

Es gibt bei uns nun freilich kein solches Sintflutgewimmel und keine solche Riesenschlange, wie sie hier gezeichnet sind, aber eine Arche, die haben wir allerdings auch, oben auf dem Spielzeugschrank. Sie ähnelt der dargestellten auffallend. Indem Christiane nun beginnt, das Buch von ihrer Spielzeugwelt her zu betrachten, wird es ihr lieb und wert. Sie findet einen Gockel heraus, der dem ihren, aus Stroh geflochtenen gleicht; einen Zelluloidfisch, wie sie ihn unter ihren Badetierchen besitzt; ein schmutziges Häuschen wie aus dem Baukasten; einen Blechschmetterling, einen geschnitzten Feuerwehrhauptmann. Auch zu Landschaften, Baumstümpfen, Steinblöcken gewinnt sie vergleichende Beziehung; und als sie gar im »Quodlibet« den guten Onkel Penz entdeckt, ist sie vollends für das Buch eingenommen.

Damit hat sie sich den Meister zu eigen gemacht, gerade noch rechtzeitig, ehe das Abendbrot unsere Samstagsunterhaltung abbricht. Es gibt Topfenkäse und Kartoffeln; wenn man wacker darin herumrührt, sieht es aus wie der Sonnen- und Wolkenwirbel über Kubins »Alpiner Landschaft.«

Schleifenbinden

Gespräch mit Christiane

»Dati, ich bring's nicht zusammen und bring's nicht zusamm!«

»Wer, wie, was?«

»Das Schuhbändel.«

»Geh her.«

»Nicht, nicht, laß doch –«

»Was ist denn das für ein Ton?«

»Nein danke, Dati, bitte nicht.«

»Das meine ich auch. Aber warum denn nicht mit einem Male?«

»Ich will doch selber binden.«

»Ach so, die Schleife willst du lernen. Ich denke, die hast du schon gekonnt? Mach nur deswegen nicht gleich ein so trauriges Gesicht. Putz dir erst mal die Nase.«

»Ich hab kein Taschentuch.«

»Da. Wo hast du denn deines schon wieder?«

»Wenn das Kleid doch keine Tasche hat!«

»Aber die Schürze hat eine Tasche. Warum hast du denn keine Schürze an?«

»Weil ich doch fortgehen will.«

»So, du willst fortgehn. Wo willst du denn hin?«

»Aufs Eis.«

»Weiß das denn die Mammi?«

»Ja freilich, die Annemarie holt mich doch ab. Wieviel Uhr ist es denn?«

»Hier, schau dir's selber an.«

»Neun Uhr, neun Uhr und halb Uhr, neun und halb Uhr, und eins, zwei, drei, vier Minuten, vier Minuten nach neun und halb Uhr.«

»Vier nach halb zehn, richtig.«

»Schon so spät? Schnell, schnell, Dati, die Annemarie kommt.«

»Gar so wird's jetzt auch nicht pressieren. Stell den Fuß auf die Stufe und mach zuerst den Knoten.«

»Den hab ich schon, aber er ist verknötelt.«

»Verknotet. Das glaub ich, du hast ja zwei

Knoten aufeinander gemacht. Bleib gefälligst ruhig stehen, wie soll ich denn sonst das Geknötel aufknüpfen!«

»Geknotel oder Geknötel, Dati?«

»Hm. Also jetzt fang an. Jawohl. Fest anziehen, noch fester, so. Und dann die erste Hälfte der Schleife. Fängst du denn rechts an?«

»Ist das falsch, Dati?«

»Falsch ist es nicht, aber schwieriger. Wenigstens mir wäre es ungewohnt. Versuch es lieber umgekehrt. Siehst du, da geht es leichter. Und nun mit dem anderen Ende herumschlingen – aber die Schleife festhalten dabei! Oha! Nochmal von vorn. Linke Schleife; rechtes Teil herumschlingen; richtig. Und jetzt durchziehen, da durchziehen – ja da darfst du nicht so fest ziehen, sonst kommst du nicht durch. Locker lassen. Nicht mit der linken Hand locker lassen, mit der rechten, jawohl, und nun durch. Halt! Nicht das ganze Teil herausziehen, nur zur Hälfte. Ja jetzt ist es schon zu spät.«

»Es hält aber, Dati.«

»Halten tut es auch, aber ordentlich ist es nicht. Es ist nur eine Halbe Schleife geworden.«

»Du hast ja an deinem Schuh auch nur eine halbe!«

»Das ist etwas anderes. Da ist einmal ein Stück abgerissen und darum ist das Schuhbändel so kurz, daß es nicht mehr besser geht.«

»Aha.«

»Aber wenn du erst einmal deine Zöpfe selber binden kannst, dann willst du doch schöne, ordentliche Schleifen haben, oder?«

»Ja, ganz breite, so breit.«

»Eben. Und deshalb wollen wir es noch ein drittes Mal versuchen. Aller guten Dinge sind drei.«

»Kartoffeln, Würstl und Salat?«

»Sogar beim Essen, freilich. Zum Schluß obacht geben, daß die Schleifen nicht zu lang und die Enden nicht zu kurz werden, hübsch gleichmäßig.«

»Wie ein Schmetterling? Wer bindet die Schmetterlinge, Dati?«

»Die kommen schon gebunden auf die Welt.«

»Die Schmetterlinge haben es gut.«

»Aber so schwierig ist das doch nicht. Es geht ja, siehst du wohl. Jetzt den andern Schuh. Wenn wir wollen, machen wir noch einen Schlung obendrein, dann läßt sich die Schleife nie mehr aufziehen.«

»Nie mehr? Das macht die Mammi aber anders.«

»Ich weiß schon, wie. Aber das ist noch nichts für dich.«

»Gelt Dati, wenn ich selber einmal eine Mammi bin, ist auch alles für mich, was noch nichts für mich ist. Das wird fein!«

Das Märchenmärchen

Mit Christianens Zwischenbemerkungen

»Es war einmal eine häßliche Prinzessin . . .«

»Gibt es das, Dati?«

»Sicher, ich habe selbst eine gekannt.«

»Nein, im Märchen meine ich.«

»Warum denn nicht? Im Märchen gibt es doch alles! Also paß auf. Es war einmal eine Prinzessin, so häßlich, daß der König und die Königin ganz traurig darüber waren und sich fragten: Von wem sie das nur hat? Alle Schönheitsmittel blieben vergeblich; die Lumpensammlerin wollte die vielen leeren Fläschchen, Cremebüchsen und Badesalzdosen schon gar nicht mehr abholen und sagte: ›Die Prinzessin muß heiraten; denn wenn sie erst einer schön findet, gleich finden es andere auch. Das ist das einzige Mittel!‹ – Das war nun freilich leicht gesagt mit dem Heiraten. Prinzen zwar gab es ringsherum genug, die sich die Prinzessin hätten gefallen lassen, denn sie war die einzige Erbin des Königreiches. Aber die Prinzessin fand keinen Gefallen an Prinzen, das war die Schwierigkeit. Je mehr die Eltern in sie drangen, ja zu sagen, desto hartnäckiger sagte sie nein, und eines Tages lief sie einfach weg, hinaus in den Wald, warf sich ins Moos und rief: ›Ich will doch gar nicht heiraten, ich will doch gar nicht!‹ Das hörte die Hexe, die nahebei in ihrem blitzsauberen Hexenhäuschen wohnte.«

»Sind denn Hexen so sauber, Dati?«

»Es gibt sehr saubere Hexen, das will ich meinen! Diese trat also herzu und sprach: ›Steh auf, gutes Kind und komme zu mir, da hast du deine Ruh.‹ Sie war wunderschön anzusehen mit ihrem dunklen Haar und dem traurigen roten Mund.«

»Dann war sie ja gar keine Hexe!«

»Doch; denn wer sie sah, der war von ihr bezaubert. Auch die Prinzessin sprang sofort auf, um der Einladung zu folgen. ›Überlege es dir aber‹, sagte die Hexe, ›lustig ist es bei mir nicht. Denn ich habe kein Herz. Es ist ein junger Zauberer dagewesen, der hat es mir genommen und ist damit auf und davon.‹ ›Und das laßt Ihr Euch so mir nichts, dir nichts gefallen?‹ antwortete die Prinzessin. ›Das wäre noch schöner!‹ Und damit setzte die Prinzessin ihre Brille auf die Nase – ihre Augen waren vom vielen Lesen im Bett nämlich nicht mehr die besten – und marschierte stracks in den Wald hinein.«

»Was ist stracks, Dati?«

»So etwas ähnliches wie flugs, ohne zu überlegen, einfach drauflos. Zum Glück begegnete ihr bald jemand, den sie fragen konnte. Es war – es war der Wolf, dem sie begegnete.«

»Um Himmelswillen, der Wolf aus dem Rotkäppchen?«

»Aber nein, der ist doch schon lange aufgeschlitzt. Ein guter Wolf natürlich. ›Guter Wolf‹, fragte die Prinzessin, ›habt ihr nicht einen jungen Zauberer ein Herz davontragen sehen?‹«

»Sie hat doch hoffentlich gesagt ›bitte guter Wolf‹, sonst hilft er ihr bestimmt nicht.«

»Natürlich. Der Wolf zog auch sofort artig die rote Zunge ein und erwiderte: ›Den hab ich freilich gesehen, aber das ist schon lange her. Da mußt du den Riesen fragen, der draußen am Waldrande schläft. Du brauchst ihn nur an den Fußsohlen kitzeln, dann wacht er schon auf.‹ Die Prinzessin bedankte sich vielmals und tat, wie ihr geheißen.«

»Aber wenn der Riese nun das Menschenfleisch riecht, Dati? Oder ist er kein Menschenfresser? Aber was soll ein Riese sonst essen?«

»Was wir auch essen, nur eben in Riesenportionen.«

»Solche wie sie der Till ißt, wenn es Kartoffeln und Butter gibt? Davon wird doch der Riese nicht satt.«

»Beim Till sagt das die Mammi nur so, Riesenportion; in Wirklichkeit ist eine Riesenportion natürlich viel größer.«

»Aber es gibt doch in Wirklichkeit gar keine Riesen.«

»Wenn du mich immer unterbrichst, Christiane, sitzen wir heute nacht noch da mit unserer Geschichte.«

»Das wäre fein, so eine lange Geschichte. Dann machen wir dafür eben einen ganz kurzen Waschprozeß.«

»Kurz und gut, der Riese erwachte und brummte:

›Wer kribbelt mich, wer krabbelt mich,
Der trete vor und zeige sich!‹

›Entschuldigen Sie, Herr Riese‹, sagte die Prinzessin, ›habt Ihr nicht einen jungen Zauberer ein Herz davontragen sehen?‹ ›Den hab ich freilich gesehen‹ antwortete der Riese, ›der krabbelt noch da herum, willst du ihn haben?‹«

»Das ist jetzt aber schnell gegangen, Dati. So schnell muß ich doch gar nicht ins Bett! In anderen Märchen dauert es viel länger, wenn einer etwas suchen geht, und er muß immer mindestens dreimal danach fragen.«

»Warte doch gefälligst ab! Ich bin ja noch lange nicht fertig. Ich weiß selber noch nicht recht, wie die Geschichte hinausgeht. Geschichten mit Herzen sind immer so verwickelt.«

»Soll ich dir vielleicht das Buch holen, wenn du die Geschichte nicht mehr weißt? Das grüne oder das rote? In welchem steht sie denn drin?«

»In gar keinem.«

»Ach, in dir steht sie? Dann ist es doch ganz einfach.«

»So, meinst du?«

»Natürlich. Dann sagte der junge Zauberer zu der Prinzessin: ›Was willst du denn eigentlich?‹ Da antwortete die Prinzessin: ›Gib mir sofort das Herz her, das du davongetragen hast‹ – Jetzt weiter, Dati.«

»Ausgezeichnet. Da erwiderte der junge Zauberer: ›Das geht nicht an, ich muß immer ein Herz bei mir haben, sonst kann ich nicht zaubern.‹ Aber die Prinzessin bat ihn so herzlich, daß er endlich sagte: ›Nun gut. Aber dann mußt du mir das deine dafür geben.‹ Die Prinzessin erschrak, aber dann gab sie es ihm doch.«

»Wie denn, Dati?«

»Er sah sie an, lachte ein wenig und weg war es. Nun hatte die Prinzessin, was sie begehrte. Sie steckte das Herz der Hexe in ihren Pompadour und machte sich auf den Rückweg. Als sie wieder in den Wald kam, begegnete sie einem Königssohn.«

»Woher wußte sie denn, daß es einer war? Königssöhne haben doch keine Krone auf? Oder war er so schön und stark?«

»Im Gegenteil, schön war er wohl, aber sehr schwach. Er jammerte in einem fort: ›Ich armer, armer Königssohn, wie ist mir mein Herz so schwer.‹ ›Wenn dir dein Herz so schwer ist‹, sagte die Prinzessin mitleidig, ›dann will ich es dir tragen helfen. Lege es in mein Beutelchen, aber du mußt mitanfassen, denn ich habe selber schon ein Herz zu schleppen; aber gemeinsam geht es vielleicht leichter.‹«

»Wenn wir der Mammi die Tasche tragen helfen, ist es auch so.«

»Genau so. Es ging wirklich ganz bequem und der Königssohn wurde ganz vergnügt. Schließlich langten sie am Hexenhäuschen an. Die Hexe saß auf der Bank und sah die beiden verwundert an. ›Ich habe dir etwas mitgebracht‹, sagte die Prinzessin, ›Mund auf, Augen zu!‹ und sie gab ihr das Herz zu schlucken und dem Königssohn steckte sie das andere in den Mund. Aber oh weh! In der Aufregung verwechselte sie die Herzen und so hatte nun die Hexe das Herz des Königssohns und der Königssohn das Hexenherz in der Brust. Sie sahen sich an, sanken sich in die Arme und wußten nicht wie.«

»Eine schöne Bescherung, gelt Dati!«

»Als die Hexe begriff, was geschehen war, sagte sie: ›Das ist nun nicht mehr zu ändern, liebe Prinzessin. Wenn Mann und Frau Herz um Herz getauscht haben, das ist der größte aller Zauber, darüber geht keiner mehr. Aber da du um meinetwillen dein Herz hingegeben hast, will ich versuchen, dir zu helfen, wie du mir geholfen hast. Ich will dich zu meinem Oheim führen, dem alten Zauberer, und ihn um seine Kunst bitten.‹«

»Der Onkel hätte der Hexe doch gleich am Anfang helfen können, Dati, oder nicht?«

»Nein, sich selber können die Zauberer meistens auch nicht helfen, nur andern.«

»Das ist ja wie bei unserm Doktor; uns macht er gesund, und selber hustet er immer noch!«

»Siehst du. Sie gingen also zu dritt, Arm in Arm, zum alten Zauberer. Der saß gerade in seinem Lehnstuhl und las die Zeitung.«

»Zauberer lesen doch keine Zeitung.«

»Die Märchenzeitung natürlich, aus lauter goldenem Schaum gemacht. ›Lieber Oheim‹, grüßte die Hexe, ›da ist ein großes Durcheinander passiert. Ich und der Königssohn sind ja darüber sehr glücklich . . .‹

»Der Königssohn und ich, sagt man.«

»Eigentlich ja. ›Wir zwei sind glücklich‹, sagte sie, ›aber die arme Prinzessin, die ist nun ohne Herz.‹ Und die Hexe erzählte die ganze Geschichte. ›Was?‹ sagte der alte Zauberer; ›der war es? So ein Lausbub. Hat bei mir kaum das Nötigste gelernt und will sich schon mausig machen! Na warte! Hokus pokus Herz erscheinibus!‹ Und schon lag das Herz des jungen Zauberers auf dem Tisch des Hauses. ›Nimm‹, sagte der gute Hexenonkel zu der Prinzessin, ›damit hast du ihn in der Hand. Was willst du nun tun?‹ Da besann sich die Prinzessin nicht lange und verschluckte das Herz. Sofort hörte man eine Stimme rufen: ›Wo ist meine liebe Prinzessin, der mein Herz gehört?‹ Die Tür ging auf, der junge Zauberer stürmte ins Zimmer und umarmte die häßliche Prinzessin, als sei sie das schönste Wesen auf der Welt. ›Jetzt auf einmal‹, brummte der alte Zauberer, und alles war gut. Nun zogen die beiden Paare glückstrahlend aufs Schloß; der König und die Königin weinten vor Freude, als ihr Kind am Arm eines schmucken Jünglings wiederkehrte, und so eine Doppelhochzeit, wo eine Prinzessin einen Zauberer und eine Hexe einen Königssohn und jedes Paar obendrein noch ein Königreich bekommt, hat es noch in keinem Märchen gegeben. Bist du jetzt zufrieden, Christiane?«

»Alles ganz umgekehrt, wie sonst. Dati, eigentlich kein richtiges Märchen, sondern ein Märchenmärchen. hat denn der junge Zauberer die Prinzessin wenigstens etwas schöner gezaubert?«

»Das war gar nicht nötig. Denn als die Prinzessin einen so hübschen Gemahl bekam, fanden sie plötzlich alle Leute auch hübsch und riefen: ›Was sie für Farben hat, ganz wunderbar blaß! und nein, die entzückenden Sommersprossen!

und das allerliebste Schnurrbärtchen und wie reizend sie schielt!‹ Nur die Brille hat der Zauberer seiner Frau weggezaubert und sie hat fortan im Bett auch nie mehr gelesen.«

Elternbeichte

»Jetzt erzähl mal, Mammi«, verlangt Christiane aus heiterem Himmel und läßt Hermann und Dorothea in den Schoß sinken, »wie war das eigentlich bei euch? Hat der Vats richtig um dich angehalten?«

»I bewahre«, lächelt die Mutter und fädelt an der Nähmaschine herum. Bald wirds auch nicht mehr ohne Brille gehen.

»Bitte sehr!« protestiert der Vater hinter der Zeitung hervor. »Freilich habe ich angehalten. Sogar mit dem Wagen, genau vor deiner Ladentür.«

»Und bist einfach hinein und hast die Mammi gekauft?« mischt sich Till ein, von dem man nie recht weiß, ob ers noch naiv, oder schon ganz durchtrieben meint.

»Ich hatte nicht die geringsten Absichten, wenn ihr es schon durchaus wissen wollt, ihr frechen Kröten«, erklärt der Vater. »Ich wollte überhaupt nicht heiraten, und wenn, dann eine große Schwarze. Verkaufen wollte ich, Bücher verkaufen, und habe mich selbst verkauft. Und das war das beste Geschäft meines Lebens. So geht das.«

»Weiß, weiß, Vats, den Satz kenn ich schon«, bohrt Christiane weiter. »Aber ich möchts halt jetzt gern ein bißchen genauer wissen. Du bist also in die Buchhandlung hineinmarschiert, hineingegangen, und hast gesagt: Gruezi Fräulein – –«

»Gruezi hab ich schon nicht gesagt, das Wort hab ich damals noch gar nicht gekannt und das besagte Fräulein erst recht nicht.«

»Du warst aber reichlich ahnungslos, Vats. Und du Mammi? Du hast doch sicher auf den ersten Blick gemerkt, daß dir der Vats gefällt?«

»Aufgefallen ist er mir allerdings.«

»Ja meinst du etwa, Fräulein Tochter, mir hätte die Mammi nicht auf den ersten Blick gefallen?«

»Aber du wolltest doch eine schwarze Große heiraten. Wie konnte dir da eine kleine Blonde gefallen?«

»Das ist eben das Geheimnis. Und schließlich sind das keine Wohnzimmergespräche.«

»Also gut. Und dann? Was war dann?«

»Dann haben wir uns zum Abendessen verabredet. Der Penz war auch dabei und noch ein Kollege.«

»Was habt ihr denn gegessen, Mammi?« erkundigt sich Till sachlich. »Flädlisuppe vielleicht? Sangaller Bratwurst?«

»Kanns dir wirklich nicht mehr sagen, Till. Sicher weiß es der Vati.«

»Tut mir leid. Der Vati weiß es auch nicht. Er weiß nur wo, aber nicht was.«

»Ah, sehr verdächtig«, stellt Christiane fest. »Wenn der Vats nicht mehr weiß, was er gegessen hat, dann muß es schon recht schlimm gewesen sein. Und wie gings weiter ? Bitte, bitte.«

»Du fragst wie der reinste Beichtvater. Paßt sich das überhaupt, daß Kinder ihre Eltern ausquetschen? Und was gibts auch zu erzählen? Nach dem Essen sind wir alle vier auf einen Aussichtsberg hinaufgestiegen, weil da die Stadt so hübsch anzusehen ist mit ihren Lichtern bei Nacht.«

»Und weil es oben ein Restaurant mit besonderen Weinen geben sollte«, wie die Mutter lächelnd berichtigt.

»Jawohl, sollte«, bestätigt der Vater. »Und als wir schnaufend oben ankamen, war das Restaurant bereits geschlossen.«

»Armer Vats. Und dann?«

»Dann sind wir eben wieder heruntergestolpert. Es war schrecklich dunkel.«

»Und, und?«

»Gar nichts und. Nicht daß ich wüßte.«

»Gar nichts? Aber ihr müßt euch doch wenigstens gut unterhalten haben? Wovon habt ihr euch denn unterhalten? Das wirst du doch noch wissen.«

»Sei nicht so frech. Natürlich weiß ichs. Mammi hat mir zum Beispiel die schöne Geschichte von ihrem Schulaufsatz erzählt, über das Thema: ›Wenn ich tausend Franken hätte.‹ Da hat die Mammi geschrieben: ›Wenn ich 1000 Franken hätte, würde ich sie auf die Bank legen, bis es 2000 Franken gäbe. Dann würde ich ein Heim für Altersschwache und Waisen gründen, würde diese unterrichten und erziehen, jenen einen schönen Lebensabend bereiten und sie an die frische Luft führen. Für die Kinder würde ich eine Tagesregel aufstellen: 7 Uhr aufstehen, 8 Uhr speisen, Tischabräumen und den alten Leuten den Kaffee ans Bett bringen. Um neun Uhr würde der Unterricht beginnen und bis 12 Uhr dauern‹.«

»Echt Mammi«, lachte Christiane, springt auf und gibt ihr einen Kuß, was an der Nähmaschine gar nicht so einfach ist.

»Jawohl«, setzt Till hinzu, »und der Lehrer hat unter den Aufsatz dann mit roter Tinte geschrieben: ›Und das alles mit 1000 Franken?‹ – Die Geschichte kenne ich auswendig.«

»Natürlich kennst du sie, du Lauser. Familiengeschichten sind ja dazu da, daß man sie immer wieder erzählt, gerade weil sie jeder so genau kennt wie jedes Plätzchen im Hause. Im Altertum wurden daher nur alte Geschichten erzählt, immer wieder dieselben; es war geradezu verpönt, neue Geschichten zu erzählen.«

»Vati, du lenkst ab!« mahnt Christiane. »Hast du der Mammi denn auch nur Familiengeschichten erzählt?«

»Nicht nur«, sagt die Mutter. »Vati erzählte viel von Caspar David Friedrich, dessen Kreidefelsen auf Rügen in deinem Zimmer hängen. In Rügen waren wir dann extra auch auf der Hochzeitsreise. Das haben wir damals natürlich noch nicht geahnt.«

»Eben, Mammi. Und soweit sind wir auch jetzt noch gar nicht. Zuerst muß dich der Vati doch einmal gefragt haben, ob du ihn heiraten willst. Wie war denn das? Geh, sags halt.«

»Ganz einfach. Was man weiß, das braucht man gar nicht erst fragen. Natürlich hat sich der Vati dann mit den Eltern ausgesprochen, und danach haben wir Anzeigen drucken lassen.«

»Du vergißt«, erinnert der Vater, »daß ich mir extra einen schwarzen Anzug anschaffte, einen regelrechten Anhalteanzug, um beim ersten Besuch bei euch daheim gute Figur zu machen. Der ist mir dann immer enger und enger geworden und endete in der Maskeradenkiste. Und wenn ich mich nicht täusche, dein Verlobungsblüschen auch. Es wird nicht lange dauern, da sehen wir die Kinder damit auf den Fasching gehen, wie unsere eigene Vergangenheit.«

»Jaja«, zitiert Christiane weise und nimmt ihre Lektüre wieder auf, »die Leidenschaft flieht, die Liebe muß bleiben.«

Das hübsche Plätzchen

Dialog von einer Autoreise

»Jetzt kommt's, jetzt muß es bald kommen, wie?«

»Glaube ich nicht. Das kommt erst *nach* Mindelheim.«

»Ich meinte das Haus, nicht das Plätzchen.«

»Ich habe auch das Haus gemeint. Das Plätzchen kommt erst nach Memmingen.«

»Vor Memmingen, willst du sagen. Du willst sagen, wenn wir zurückkehren, dann kommt das Plätzchen nach Memmingen.«

»Nein, nein, ich meine jetzt bei der Hinfahrt; da kommt das Plätzchen erst nach Memmingen! Oder vielleicht doch vor? Jetzt bin ich selber irr, wann unser Plätzchen kommt. – Herrschaft dahinten, tute doch nicht so unverschämt. Ich kann doch nicht weiter rechts halten, da stehen Heuwagen. Ekelhafter Kerl. Ich würde das Hupen überhaupt verbieten. In neunundneunzig von hundert Fällen ist es gänzlich unnötig, wenn man ein wenig Geduld hat und auch einmal Schritt fährt. Aber wenn man sich natürlich überall durch- und vordrängen will – schau ihn dir nur an, diesen Räuber! Stopplicht kaputt, aber hupen muß er. Kommt natürlich auch von den Vorschriften. Wenn man schon von den Radlern verlangt, daß sie eine Glocke haben müssen, dann erzieht man geradezu zum Lärmmachen. Ich habe mein Leben lang nie klingeln müssen und muß auch nicht hupen. Dafür werd ich dann womöglich noch eines Tages bestraft, und der Herr Ellbogentechniker da vorn mit seinem Radau triumphiert. – A propos: bist du ganz sicher, daß unser Plätzchen vor Memmingen kommt?«

»Beschwören könnt ichs nicht. Es ist schließlich auch ganz gleich. Merken tun wir's bestimmt, wenn wir dort sind. Oder hast du schon Hunger?«

»Danke, das hat Zeit bis zum Plätzchen. Aber

eigentlich sollten wir's uns ja allmählich gemerkt haben. Wie oft sind wir die Lindauer Strecke denn schon gefahren? Doch sicher ein Dutzendmal.«

»Das langt gar nicht. Wir sind sie doch schon gefahren, als die Kinder noch Säuglinge waren. Das war ja der Grund, daß wir ein stilles, ruhiges Plätzchen suchten, zum Stillen und Wickeln. Ursprünglich ist uns ja nur das hübsche Landhaus aufgefallen. Und das Haus kam später, das weiß ich bestimmt.«

»Bei der Hinfahrt oder bei der Rückfahrt?«

»Hör auf, hör auf! Jedenfalls sind wir jetzt in Mindelheim. Wieso zeigen denn auf einmal die Wegschilder um Mindelheim herum? Müssen wir da wirklich außen herumfahren? Das wäre doch schade. Ich mag den Markt so gern.«

»Ach wo, das ist nur für Fernfahrer.«

»Na ja, Nahfahrer sind wir ja gerade auch nicht.«

»Wir können ja einkehren, dann ist die Durchfahrt erlaubt. Ich kann mir kaum denken, daß die Gasthäuser sehr erbaut davon wären, wenn die Autofahrer sich wegen solcher Schilder gar nicht mehr einzukehren getrauten. Ich würde mir als Stadtverwaltung sehr überlegen, ob es bei allen Verkehrsrücksichten nicht wichtiger wäre, möglichst viele Besucher in die Stadt zu ziehen, statt außen herum zu treiben. Ich muß da immer an Oskar von Miller denken. Als der das Deutsche Museum baute, sperrten die Bauunternehmer den Straßenverkehr möglichst weit ab und zogen außerdem hohe Bretterplanken, damit nur ja sich niemand herantraue. Der Herr von Miller aber ordnete das gerade Gegenteil an: er öffnete eigene Zugangswege und ließ in die Planken Gucklöcher sägen, damit schon während des Bauens möglichst viele Interesse an dem Unternehmen bekämen. Solche Männer sollte man in Erz gießen und an allen Ecken aufstellen, viel eher als diesen reisigen Herrn da am Markt – weißt du, wer das ist?«

»Natürlich weiß ichs, jedesmal fragst du mich wieder und jedesmal habe ich wieder den Namen vergessen. Deswegen fragst du ja auch. Ich weiß schon, was er getrieben hat, und ich weiß auch, daß da oben links jetzt gleich seine Burg kommt. Und paß auf, drüben hinunter durchs Tal, dann noch ein paar Kurven, dann kommt unser Haus. Jetzt fällt's mir ein: Frundsberg heißt er, Frundsberg. Damit weiß ich aber keinen Pfifferling mehr über ihn als vorher. Wer wird wohl in unserem Haus wohnen? Eigentlich möchte ichs gar nicht wissen. Vielleicht ahnt der Besitzer gar nicht, wie schön es ist. Er hat es vielleicht nur wegen der Landwirtschaft gekauft und ärgert sich womöglich, daß das Haus so alt ist und so schlicht. Wie ein Landschlößchen, die große Wiese davor und das Mäuerchen mit dem schmiedeeisernen Gitter. Da, hab ichs nicht gesagt? Fahr nicht so schnell. Wirklich reizend. Ob wir nicht doch halten und ein bißchen hineinspitzen?«

»Lieber nicht. So kann man sichs viel schöner ausdenken. Ein blasses Mädchen mit braunen Augen sitzt am Klavier . . .«

»Warum denn blaß? Das Haus hat doch die schönste Sonne?«

»Weil sie immer so allein ist. Und dann geht sie durch die kühlen Räume, blinzelt durch die Jalousien – das sind noch richtige alte Jalousien, siehst du, wie im Großelternhaus daheim. Die waren einmal das Neueste. Aber dieses Neueste ist schon so lange her, daß es uralt erscheint.«

»Ja, und vielleicht sitzt dein blasses Mädchen gar nicht am Klavier, sondern sogar am Spinett und spielt – na, was denn gleich?«

»Rameau, Couperin, sowas, ja, das wäre schön. Wahrscheinlicher aber sitzt sie am Radio; dort sieht man die Antenne.«

»Wie schade. Zu genau darf man heutzutage nirgends mehr hinschauen. Ausgenommen unser hübsches Plätzchen. Das ist halt Natur. Kann man eigentlich nicht auf der Karte feststellen, wo es liegt? Wo sind denn eigentlich unsere Karten?«

»Hinten auf dem Sitz, irgendwo unterm Gepäck. Das ist auch so was, mit den Karten. Die Kästen am Schaltbrett sind immer zu klein dafür. Oder die Karten zu groß, wie man will. Entweder stehen sie heraus oder man muß sie hineinquetschen und macht sie kaputt. Ich kenne nur einen Wagen, wo das ideal gelöst ist, und da ist's unnötig, weil der Chauffeur die Karte ohnedies im Kopf hat. – Wahrhaftig du hast doch recht gehabt!«

»Womit?«

»Daß unser Plätzchen *vor* Memmingen kommt. Da: der Höhenweg mit dem Waldstückchen, da müssen wir abbiegen. Kommt hinten was? Also hinauf mit Schwung! Ist doch ein braves Wägelchen. Reizende Stelle. Ob noch was zu finden ist von unserem letzten Picknick hier im vorigen Jahr?«

»Hoffentlich nicht.«

»Ich meine nicht, daß es herumliegt. Aber wir haben doch immer einen hohlen Baumstumpf als Abfalleimer benützt. Der war's. Schau an, da spitzt noch Neles Kinderpuderdose hervor! Ameisen haben darin gebaut.«

»Rührend. Und dabei hat es nicht einmal einen Namen, unser Plätzchen. Vielleicht soll man es eben nicht berufen, dann wird es nicht entdeckt. Schau nur, wie sie da unten auf der Straße entlangbrausen und ahnen gar nicht, was es in nächster Nähe für hübsche Plätzchen gibt. Es gibt ja so viele im Allgäu, da kann sich jeder eines entdecken. Aber das ist das unsere. Wir sagens auch niemanden, gelt? Sonst kommt's eines Tages in die Zeitung, und dann ist's vorbei.«

Inhalt

Ernst Heimeran wurde am 19. Juni 1902 im oberfränkischen Helmbrechts bei Hof geboren. Mit zwei gleichgesinnten Kameraden gründete er eine der ersten Schülerzeitschriften, den »Zwiestrolch«. Am 25. 10. 1922 ließ er sich – mangels Volljährigkeit – mit väterlicher Zustimmung handelsgerichtlich als Verleger eintragen. Die Bekanntschaft mit dem Maler und Schriftsteller Ernst Penzoldt prägte den jungen Heimeran entscheidend und führte zu einer Freundschaft fürs Leben. Nach seiner Promotion zum Dr. phil. landet er neben Eugen Roth in der Redaktion der »Münchner Neuesten Nachrichten«. Die beiden gründeten mit Ernst Penzoldt und einem Kreis Gleichgesinnter 1924 die »Argonauten«, die einige Jahre lang das literarische und gesellschaftliche Leben Münchens belebten. 1933 sah sich der junge Redakteur ziemlich jäh vor die Tür gesetzt. Nun galt seine ganze Kraft und Phantasie seinem eigenen Verlag mit den Schwerpunkten: Antike, Kulturgeschichte, Musik, Humor und seinen eigenen Büchern. 1936 hatte er geheiratet und die Familie mit Christiane, Till und Nele wurden zum Mittelpunkt seiner schriftstellerischen Arbeit. Seine Werke erscheinen jetzt alle im Carl Hanser Verlag.